DICTIONNAIRE

DES

PHILOSOPHES.

LA PETITE
ENCYCLOPÉDIE

O U

DICTIONNAIRE

DES PHILOSOPHES,

Ouvrage posthume d'un de ces Messieurs.

. . . . *Ridiculum acri*
Fortiùs & meliùs pleriùmque secat res.

A ANVERS,

Chez JEAN GASBECK,
Imprimeur Libraire.

PRÉFACE.

LA nomenclature d'un ÊTRE PENSANT ne fauroit être fort longue. Le cercle de nos idées est étroit : le nombre des mots doit donc être très-petit. Et n'est-ce pas la multitude des termes, qui a enfanté toutes les erreurs du monde ? Mon Diction-naire fera fort court : il ne contiendra qu'une centaine de pages , & ma Préface une vingtaine de lignes. Cependant je n'oublierai rien.

La grande Encyclopédie est déja l'honneur de la nation & du siécle aux yeux des vrais Savans : j'espère que la petite sera la gloire du nom François & du Régne de Louis XV. aux yeux des vrais Sages.

J'ai emprunté de cette grande & belle collection la marche & la méthode, & sur-tout cette idée admirable de marquer par des RENVOIS l'enchaînement des pensées , ce qui fait un tout d'une multitude de parties éparses çà & là. C'est-là, sans doute, une des plus belles inventions de l'esprit humain, qui seule seroit capable d'immortaliser ceux qui en font les Auteurs.

J'ai un avantage fur les GRANDS HOMMES, qui ont travaillé à la grande collection. Ils ont affemblé des mots, & j'ai recuëilli des idées. Leur Ouvrage fe reffent d'ailleurs beaucoup trop des chaînes de la dépendance. Le mien a été compofé dans le féjour de la liberté, dans mon cabinet, où je fuis à l'abri de la perfé-cution. Il ne verra le jour, que quand je ne le verrai plus, & dans un tems, où l'on n'aura de pouvoir que fur mes cendres.

Jeune homme, quand il te tombera entre les mains, prens, lis, & médite. Tu trouveras ici tout ce qu'on a jamais fû, & tout ce qu'on peut favoir.

P. S. J'ai relû ma Préface & je vois, fur le ton qui y régne, qu'on pourroit m'accufer de vanité. Mais quoique nous foyions difpenfés de toute modeftie, puifqu'il eft évident, que nous fommes les feuls dans l'univers, qui fachions, & qui ofions penfer; je veux pourtant prévenir cette accufation. J'ai pû parler auffi hardiment : je ne louois pas mes penfées, mais celles des autres. C'eft ici le réfultat des converfations & des lectures philofophiques de ma vie.

DICTIONNAIRE

DICTIONNAIRE

DES

PHILOSOPHES.

A

ABSTINENCE. Vertu de Superſtitieux. Les Philoſophes de l'antiquité la vantoient beaucoup, mais les modernes ne la connoiſſent que de nom. De quoi s'abſtiendroient ceux, qui penſent, que la nature ne les trompe jamais, & que ſes penchans ſont des loix immuables, & peut-être les ſeules loix. Les Croyans & les Politiques mêmes diront, que de tels principes iroient à troubler la Société

A

& à renverfer l'Etat, & qu'un peuple d'hommes, qui ne fe feroient violence fur rien, ne feroit pas long-tems un peuple. Notre fyftême ne laiffe pas malgré cela d'être fort bon, & dans nos principes même, fort vertueux ; & la raifon en eft claire, c'eft qu'il eft tout-à-fait commode. Voy. *Intérêt, Paffions, Probité, Vertu*, &c.

ACCIDENT. Quand on aura intérêt à dire, que la Philofophie nous met au-deffus de tous les accidens de la vie, il ne faut pas manquer de lui faire cet honneur. Mais gardez-vous de le penfer : l'expérience montre trop bien le contraire. La Philofophie nous ouvre la porte des plaifirs, mais elle ne fauroit la fermer aux douleurs.

ACTEUR, ACTRICE. Nation chère au Philofophe, puifqu'ils font, comme lui, la victime de la fuperftition. Tous les Sages, exceptez-en un feul, fe font fait une gloire de les protéger, de les louer, de les encenfer, & les Actrices fur-tout. Quand viendra le tems, où nous penferons comme les Anglois, & où nous enterrerons nos Comédiens avec nos Rois & nos Newtons.

ADMIRATION. Le Sage n'admire rien ; rien ne l'étonne assez pour exciter dans lui le sentiment de l'admiration. Il doit pourtant admirer tout haut des systêmes, qu'il méprise tout bas. Cette admiration est nécessaire aux progrès de la Philosophie. Un jour viendra, où l'on n'admirera plus rien, que les idées de ceux qui penseront comme nous ; & qu'on pourra traiter aussi mal d'autres Philosophes, que nous avons droit de traiter les Croyans. Jusques alors il faut paroitre unis & nous admirer mutuellement.

ADORATION, ADORER. Mots sonores, qu'il faut avoir souvent à la bouche & au bout de la plume. Mais il faut prendre garde à ne pas leur donner le sens qu'y attache la superstition. *Adorer l'Être suprême*, c'est le premier de nos devoirs, c'est le cri de la Philosophie. En quoi consiste cette adoration ? C'est-ce que nos Sages n'ont pas encore déterminé. Par tout ce que je vois & ce que j'entens, je pense que cela peut consister, à peu-près, à reconnoître que Dieu *peut-être* existe, & à en parler avec décence. Pour les signes extérieurs d'adoration, on peut, *si l'on veut*, suivre la mode du païs. On peut aussi s'en dispenser. Car nous sommes convenus que le culte extérieur n'est que de bienséance, & l'on sait assés d'ailleurs ce que sont les bienséances aux yeux d'un vrai Philosophe.

ADORATION & *ADORER* sont plus usités & ont un sens plus étendu & plus énergique, quand il s'agit des Belles, de ce sexe enchanteur, de cette moitié charmante du genre humain, qui a droit à tous nos hommages & sur-tout à tous nos sentimens, puisqu'elle en fait naître dans nos cœurs de si vifs & de si doux. On peut, sans s'avilir, tomber à leurs genoux : on peut, sans bassesse, leur prodiguer les noms de *Divinités*, & d'*Idoles*, parler d'*Encens*, d'*Autel* & de *Sacrifice*. Ce sont des mots inventés & mis en vogue par la Superstition, mais consacrés par l'amour, ils deviennent décens dans la bouche & dans les écrits du Sage. Un homme, plus grand Philosophe encore, que grand Poëte, s'en est heureusement servi, dans sa complainte sur la mort d'une fameuse Actrice, supérieure par ses talens & apparemment par ses graces aux plus grands hommes de son siécle. Voy. *Actrice*, *Femme*, *Beauté*, &c. &c.

ADULTÉRE. Nos Sages fur cet article établiffent des principes & n'ofent tirer les conféquences. Ils approuvent ouvertement le concubinage, & ils n'ont encore attaqué le phantome de l'adultère que par des railleries. Cependant je ne vois pas fur quoi, dans notre fyftème, feroit fondée la différence entre l'un & l'autre. L'un plus que l'autre eft-il défendu par la nature ? Eft-ce elle qui a donné à un feul un droit exclufif, préjudiciable à plufieurs ? Ces défenfes partent de la religion & des loix, & l'on fait quel cas fait un Philofophe des loix & de la religion. D'ailleurs, fi, felon le principe d'un de nos Sages, *quiconque eft capable d'aimer eft vertueux*, lorfqu'un mari n'aimera point fa femme, il pourra, il devra même aimer ailleurs, pour être capable de devenir vertueux. Alors l'Adültère ne fera plus un crime, il fera même une vertu. Voy. *Concubinage*, *Amour*, *Religion*.

AGE. *L'Age d'or* avoit été regardé jufques à préfent, comme une chimère. La Philofophie l'a réalifé. La raifon fort de l'enfance, où la religion & les loix l'avoient retenuë. Pour me fervir des expressions sublimes d'un de nos Sages, *les centres des ténèbres commencent à devenir plus rares & les centres de lumière se multiplient & s'étendent.* La liberté de penser, d'écrire & de parler est déja toute établie. La liberté d'agir suivra apparemment bientôt, & elle a fait d'assez grands progrès. J'entens crier de tous côtés, que c'est-là le dernier période de l'âge de fer : & moi je m'écrie avec un transport réfléchi : quel âge mérita mieux le titre d'*Age d'or.*

AIGLE, est un mot expressif pour caractériser nos Sages. Tous les autres sont des aveugles, qui ne voient pas, ou des poltrons, qui n'osent envisager la lumière. Le Philosophe ose arrêter ses regards sur le soleil & n'en est pas ébloui.

AIGREUR. L'Aigreur dans les paroles & dans les écrits déshonore la Philosophie. Elle n'est permise que vis-à-vis de ceux qui osent ne pas penser comme nous. Ne leur épargnez pas les noms d'*Ignorans*, d'*Imbéciles*, de *Pédans*, &c.

AME. Qu'on dise de l'Ame de l'homme tout ce qu'on voudra, pourvû que ce qu'on en dit n'aille pas à prouver son immortalité. Qu'on l'appelle un feu, un souffle, une monade, &c. je soufcris à tout, pourvû que rien n'ait trait aux anciennes idées qu'on donnoit de l'efprit. Car il faut dans notre fyftême, que l'ame foit mortelle : oui, il le faut, il le faut abfolument. Cette autre vie eft trop embarraffante pour nous. Il faut nous en en délivrer à quelque prix que ce foit. Nous ne pourrons jamais parvenir qu'à douter. Eh bien ! ce doute nous fuffira, & ne nous empêchera pas de courir le rifque de tout ce qui pourra en arriver, de faire bonne mine, & d'infulter même à ceux qui ne doutent pas comme nous.

Ce Sage, (a) qui a détruit d'un feul mot, à nos yeux, les Romans, qu'avoient fait de l'ame tant de raifonneurs, qui la diftinguoient bonnement de la matière, par la faculté qu'elle a de penfer & de fentir ; ce Sage qui a expliqué les refforts de l'efprit humain, comme un excellent Anatomifte vous montre ceux du corps ; ce Sage, qui a une telle autorité parmi nous, qu'un doute de fa part a renverfé les plus fortes démonftra-

(a) Locke.

A 4

tions dans nos têtes ; ce Sage fi modeste,
qu'il n'a ofé avancer qu'en tremblant ces
paroles mémorables : *nous ne ferons peut-*
être jamais capables de connoître fi un
être purement matériel peut penfer ou non :
ce Sage, dis-je, étoit trop timide ; & en
vérité les Théologiens eurent bien tort
de fe gendarmer d'un doute propofé fi
modeftement. D'abord, dit à propos un
de nos Sages, (*a*) » il ne s'agiffoit pas
» de religion dans cette affaire : c'étoit
» une queftion purement philofophique.
» Car il eft bien évident qu'il importe
» peu à la religion de quelle fubftance
» foit l'ame, pourvû qu'elle foit ver-
» tueufe. « (Et il eft clair auffi, que foit
qu'elle fe croie matérielle, ou fpirituelle,
mortelle, ou immortelle, elle fera également portée à la vertu.) Et puis, encore une fois, pourquoi fe fcandalifer
d'un doute propofé fi modeftement.

Pour moi, je l'avouë, j'aime mieux la
noble hardieffe d'un autre de nos Sages,
qui n'eft pas fi grand homme, mais qui
eft plus grand Philofophe, puifqu'il eft
plus hardi, & plus décifif. L'ame, felon lui eft (*b*) » une fubftance maté-

(*a*) Let. Philof. 13e.
(*b*) Hift. nat. de l'ame p. 2, 3. 66 & 93.

» rielle & étenduë, nommée *senforium*
» *commune*. Celui qui en voudra connoî-
» tre les propriétés, doit auparavant
» chercher celles, qui fe manifeftent dans
» les corps; fur cela il n'eft point de plus
» fûrs guides que les fens. Voilà mes Phi-
» lofophes. Eux feuls peuvent éclairer la
» raifon dans la recherche de cette vé-
» rité. « Voilà ce qu'on appelle parler
fans déguifement. On n'apporte point de
preuves, mais n'importe : cette hardieffe
me fatisfait. Elle flatte je ne fais quel intérêt que je trouve à penfer que l'ame
eft matérielle. Locke avec fon doute me
plongeoit dans l'embarras, au lieu de m'en
tirer. Celui-ci veut m'en tirer d'un feul
coup. La bonne affaire, s'il avoit raifon !

Une chofe merveilleufe qu'on a trouvée, c'eft la reffemblance de notre ame
avec celle des bêtes. Un Philofophe, qui
fans doute les a anatomifées long-tems,
affure qu' » elles font *bien certainement*
» de la même pâte & de la même fa-
» brique «. Bien plus on a pouffé l'a-
nalogie jufques à la plante, & c'eft la
pouffer bien loin. Pour moi j'eftime que
celui de nos Sages, qui a fait l'*Homme-
plante*, ne nous a pas rendu moins de
fervice, que celui qui a créé l'*Homme-*

machine. Quelle force de génie a-t-il fallu pour trouver cette analogie & pour dire (*a*) » l'homme est celui de tous les » êtres connus, qui a le plus d'ame, » comme la plante est celui qui en a le » moins. « Ô siécle vraiment Philosophe ! Voilà donc que de nous au chou & à la laituë, il n'y a de différence que du plus au moins. Ô homme, que ton orgüeil, après cela, est pitoyable ! mais que tes connoissances cependant sont aujourd'hui étenduës ! Les Anciens avoient-ils seulement imaginé qu'entre le jardinage & le jardinier il y eut si peu de différence. *Voy. Animaux, Immortalité, Homme.*

Quant aux connoissances de l'*ame* & à leur principe, l'histoire en est bientôt faite, dans notre système. Une ame matérielle peut-elle autrement connoître que par les sens ? Nous laissons discuter à ceux qui ont du tems & de l'encre à perdre, si les sens sont le principe de nos connoissances, ou s'ils en sont seulement l'occasion. C'est-ce qu'on appelle raisonner ; & un Philosophe se contente de penser & de sentir. Il tranche les difficultés, comme un nœud gordien, & la confiance avec laquelle il prononce,

(*a*) L'Homme-plante, p. 31. & 24.

prouve le pouvoir de l'enthousiasme, &
la force de la conviction.

AMITIÉ. On a beaucoup vanté l'Amitié:
je n'examine pas si c'est avec raison. On
croyoit y trouver un dédommagement à
l'amour, qu'on croyoit devoir s'inter-
dire. Mais un Philosophe, qui croit
pouvoir tout accorder à l'amour, n'a
que faire de l'amitié. Quand on a goûté
les plaisirs de cette passion sublime, ceux
de l'amitié sont bien fades. D'ailleurs la
nature dicte-t-elle l'amitié ? Doit-on à un
ami, plus qu'à un autre homme, puisqu'on ne doit pas même à un Père ? Dans
un esprit conséquent & instruit de nos
principes, je ne vois pas ce que seroit
l'amitié sans l'intérêt, & où il y a intérêt
la reconnoissance peut-elle avoir lieu ?
Serai-je obligé à mon ami de ce qu'il
a voulu se satisfaire, & à moins que je
ne trouve du plaisir à reconnoître ses
prétendus bienfaits, que lui dois-je ? Donnons quelque chose à la sympathie, à la
conformité d'humeurs & de caractères,
aux besoins mutuels. Mais quand cet instinct finit, l'amitié doit aussi s'éteindre,
& il n'est plus de devoirs. Où ne pour-
rois-je pas pousser ces conséquences, mais

il faut s'arrêter. Voy. *Intérêt , Devoir ; Mœurs , Société , Amour.*

AMOUR. Paſſion dont on a dit beaucoup de mal & beaucoup de bien. Les Sages d'autrefois , & ceux ſur-tout, qui étoient devenus ſages à leurs dépens, nous la repréſentoient comme une paſſion furieuſe dès qu'on s'y livre , & à laquelle il eſt difficile de ſe livrer autrement qu'avec fureur, quand on ne l'étouffe pas dans ſon berceau. A les entendre , cette paſſion ne connoit ni bornes, ni loix , ni bienſéances. Droits de la nature , liens du ſang , nœuds de l'amitié, intérêt de la religion & de la patrie., tout cède à ſes ravages , quand elle a rompu ſes digues.

Les Sages de nos jours penſent bien différemment ; ils ſont bien plus galans & bien mieux appris. En admettant quelques traits de cette peinture , ils ne trouvent pas qu'il y ait tant de quoi ſe récrier. Si l'amour mépriſe les loix , les bienſéances , la religion , la politique même , il a cela de commun avec la Philoſophie, qui ne connoit d'autre autorité que celle de l'intérêt & du plaiſir.

D'ailleurs , ſelon notre façon de penfer , ce font les loix qui ont fait les crimes de l'amour. En le contraignant, on l'a rendu furieux. Le reméde afsûré contre les maux qu'il produit & les tourmens qu'il caufe, c'eft de céder à fon pouvoir. Le reméde paroitra plaifant à tout le monde , & plufieurs penferont même qu'il doit faire un effet tout oppofé. Mais fions-nous-en à un grand Philofophe. Il nous affure que (*a*) » les » hommes étoient fous , quand ils fe font » perfuadés , qu'il étoit beau d'y réfifter » (à l'amour) & honteux d'y fuccom- » ber. De fuivre fes défirs , c'eft le vrai » moyen de s'affranchir de leur importu- » nité. «

L'Amour alors feroit une vertu, avec quelque vivacité qu'il fe préfentât, & quel qu'en fût l'objet. Dès que les défirs feroient des loix, il n'y auroit plus de défobéiffance, & conféquemment plus de crimes. L'heureufe découverte, la belle trouvaille ! fiécle heureux que ne devez-vous pas à la Philofophie.

Raffurez-vous donc , Pères , Tuteurs, Maîtres trop vigilans , vous pouvez vous en rapporter aux réflexions profondes de

_____

(*a*) Les Mœurs, p. 72.

nos Sages. Non » (*a*) on n'a rien à » craindre pour les mœurs, de la part de » l'amour, il ne peut que les perfection- » ner. Car toutes les vertus se tiennent » par la main, or la tendresse de cœur » en est une. « Quoi de plus certain ; & l'exemple des amans ne le confirme- t-il pas tous les jours. Ne sont-ils pas tous des hommes très-vertueux, & n'a- t-on pas vû même des scélérats devenir gens de bien, seulement en devenant amoureux ? Les histoires sont pleines de ces prodiges.

Osez donc dire, sage législateur (*b*) que *quiconque est capable d'aimer est ver- tueux, comme aussi, quiconque est ver- tueux, est capable d'aimer.* Vous ne le prouvez point encore, mais c'est toujours un grand pas de l'avoir avancé. Un au- tre le prouvera peut-être, & quel avan- tage pour la Société. Pour vous, fem- mes galantes, filles de moyenne vertu, faites dresser une statuë à votre illustre défenseur. Il vous a vengées des préju- gés injustes ; que ne devez-vous pas à celui qui a érigé vos crimes & vos foi- blesses en vertus & en titres de gloire.

(*a*) Mœurs, p. 39?.
(*b*) Ibid. p. 398

Amour Propre : Qui que vous soyiez, qui lirez cet article, admirez la prodigieuse révolution que la Philosophie a opéré dans les idées. On crioit depuis long-tems contre l'amour propre. On le regardoit autrefois comme la peste de la Société, le principe de toutes les passions effrénées, la source des crimes & des malheurs du monde. Aujourd'hui ce n'est plus cela. C'est précisément tout le contraire. Car dès-là que (*a*) *la douleur & le plaisir sont les seuls moteurs de l'univers moral,* il est tout évident que *le sentiment de l'amour de soi est la seule base, sur laquelle on puisse établir les fondemens d'une morale utile.* Il est bien vrai que ces différens amours de soi auront un peu de peine à s'accorder. Mais nous ne répondons pas des suites, & nous aurions trop à faire.

Amour Filial. Cet amour est-il établi sur la nature, ou sur les loix ? Qui eût cru qu'on pût en douter ? Nos Sages ont fait plus que d'en douter, ils ont décidé la question, & d'une manière bien philosophique. Seroit-ce un amour

_____

(*a*) L'Esprit, p. 230.

de reconnoissance qu'un Enfant devroit à son Père, qui lui a donné le jour ? Mais (a) » on ne voit pas qu'il soit dû » à un Père aucune reconnoissance à ce » titre. « Cet amour auroit-il pour objet le bienfait de l'éducation & le retour dû à l'amour paternel ? Il cessera donc d'être un devoir dans un Fils, quand un Père cessera de le mériter. Un Philosophe l'a pensé ainsi : il dit que » (b) l'amour » filial est très-susceptible de dispense. » Un Père dont on n'éprouve que des » témoignages de haine, toute la distinc- » tion qu'on lui doit, c'est de le traiter » en *ennemi respectable*. « Le mot est bien trouvé vraiment, pour adoucir ce que celui d'*ennemi* a de trop dur. Il faut encore des ménagemens dans ce siécle. Le tems n'est pas encore venu d'appeller tout par son nom.

Qu'on ne croie pas au reste qu'on dispense un Fils de tout amour pour un Père qui pourroit le haïr. Car (c) » il » y a une sorte d'amour que vous devez à » tous les hommes; or cet amour, votre » Père, puisqu'il est homme, n'a pas

(a) Mœurs, p. 59.
(b) Ibid. p. 459.
(c) Ibid. p. 458.

» moins

» moins de droit qu'un autre d'y pré-
» tendre. « Et voilà cette précieuse Humanité, qui est le cri glorieux de notre Philosophie. Sauroit-on trop en étendre les
bornes.

Amour Paternel. Oh ! pour celui-là,
la nature le dicte : on aime naturellement
ses ouvrages. Mais puisqu'il n'a pas, dans
nos principes, d'autre appui, dès que la nature ne parlera plus, on ne sera plus obligé
d'aimer ses enfans. Car qui pourroit être
forcé à aimer ses ouvrages malgré soi.

Amour des Hommes. Voyez *Humanité, Société.*

Analogie. Méthode de discerner la
vérité, qui est fort à la mode parmi
nos Sages ; comparaisons, rapports,
conjectures, convenances, chemin de la
vérité aux yeux du Philosophe.

Analyse. Jeune-homme, qui liras ce
Dictionnaire, parle souvent d'analyse,
mais n'analyse guères. La méthode ana-
lytique fut toujours l'écueil de la Philosophie, Le Sage jette de grands traits
de lumière, & ne va pas découvrir les

vérités la lanterne à la main. Il faut
éblouïr & entrainer. Prouver n'eſt pas
l'affaire du Philoſophe.

ANGLOIS. Nous ne devons en parler, que comme d'un peuple de Sages & d'Hommes libres. Ils nous ont
appris à penſer, & nous leur devons ce
courage & cette hardieſſe, qui nous fait
dire & écrire, ſans crainte, des choſes
ſurprenantes & inouïes. Je prévois qu'un
jour nous battrons notre nourrice. Mais
il n'eſt pas tems de révéler leurs défauts.
Leur autorité nous eſt encore néceſſaire.
Nous pourrons dire un jour, que la
plupart du tems ils extravaguent de ſang
froid. En attendant, contentons-nous de
le penſer, & diſons toujours : *Ce Peuple
libre, ce Peuple Philoſophe*. Envions-leur
ſur-tout la liberté dont ils jouiſſent :
» (*a*) Il y a autant de profeſſions de foi
» en Angleterre, que de citoyens, qui
» tous s'en font une, chacun à leur
» mode. (*b*) Un Anglois, comme hom-
» me libre, monte au ciel par le che-
» min qui lui plait. « Qu'il eſt heureux,
& que cela eſt commode !

(*a*) 122. Des Lett. Juiv.
(*b*) 5e. Des Lett. Philoſ. ſur la Rel. Anglic.

ANIMAL. On étoit fort embarraffé autrefois à affigner les confins qui fépa-
rent l'Homme de l'Animal. Aujourd'hui
on a trouvé que ces confins n'exiftoient
point, puifqu'il (*a*) » n'y a entr'eux
» aucune divifion réelle. (*b*) » Les ani-
» maux ont une ame, capable de toutes
» les opérations, que forme l'efprit de
» l'homme ; de concevoir ; d'affembler
» fes penfées ; d'en tirer une jufte con-
» féquence. « Quand on voit l'utilité de
cette théfe, qui en demanderoit la preuve ? On fent bien où cela conduit, &
cela doit fuffire.

Que fi l'ame des animaux paroit in-
férieure à celle de l'homme (*c*) » c'eft
» dans la différence du phyfique de l'hom-
» me & de l'animal, qu'il faut en cher-
» cher la caufe. Car, fi la nature, au
» lieu de mains & de doigts flexibles, eut
» terminé nos poignets par un pied de
» cheval ; qui doute que les hommes fans
» art, fans habitation, fans défenfe con-
» tre les animaux, tout occupés du foin
» de pourvoir à leur nourriture, & d'é-
» viter les bêtes féroces, ne fuffent en-

(*a*) Interpr. de la nat. p 35.
(*b*) Philofophie du bon fens, Tom. 2. p. 207.
(*c*) L'Efprit, p. 2.

B 2

» core errans dans les foréts, comme des
» troupeaux fugitifs. « De quoi leur auroit fervi la raifon, ils n'auroient point
eu de mains ; & que peut la raifon fans
les mains. On dévroit dire de tous les
hommes, ce qu'on dit de certains, qu'ils
ont l'*efprit au bout des doigts.* Pour moi
je ne défefpére pas, que dans la fuite les
pattes de certains animaux ne fe perfec-
tionnent. Il n'y a plus que cet obftacle,
qui les empêche de parler & de raifon-
ner. Or, s'ils parloient, voilà la Société
toute formée, voilà des Loix, un Gouvernement, des Sciences, des Arts, &
au bout de quelques mille ans la Philofophie établie parmi eux.

Quant à la formation de l'animal, l'interpréte de la nature l'a enfin trouvée,
& c'eft-là un de ces traits de génie frap-
pans qui font l'honneur du fiécle &·de
la nation. (*a*) » L'animal eft un fyftême
» de différentes molécules organiques,
» qui par l'impulfion d'une fenfation,
» femblable à un toucher obtus & fourd,
» que celui qui a créé la matière lui a
» donné, fe font combinées, jufqu'à ce
» que chacune ait rencontré la place la
» plus convenable à fon repos. « Quelle

(*a*) Interpréte de la nature, p. 158.

obscurité lumineuse ! Lecteur , si vous
ne comprenez pas ce que vous venez de
lire , relisez-le , pésez-en tous les termes ,
& si vous ne le comprenez pas encore,
croyez que c'est votre faute , car cela
est clair pour quiconque pense. Voy.
Homme , Bête.

Il est assés difficile de savoir quelles
sont les connoissances des animaux , puis-
que nous connoissons à peine les notres,
malgré le sentiment intérieur. Quelle doit
donc être la sagacité de ce Philosophe,
qui a pu en donner la liste , qui a découvert dans eux » (*a*) des *perceptions*
générales , des *perceptions* particulières ;
des *perceptions* complettes, des *perceptions*
incomplettes ou abstraites ; des *perceptions* confuses ; des *perceptions* distinctes ;
des *perceptions* vagues ; des *perceptions* dé-
terminéés ; des *perceptions* rélatives , telles
que les *perceptions* de l'effet à la cause,
des propriétés à l'être, de la forme au
sujet , de la puissance à l'acte , du des-
sein aux moyens, des moyens aux succès.

Je ne suis pas allé si loin dans la découverte des connoissances animales. Mais,
quoique l'on ne me donne point de
preuves, j'aime mieux croire tout cela ,

(*a*) Economie animale , T. 3. p. 263 & 264.

que de penſer qu'un Philoſophe, qui ſe
ſert de ſa raiſon, puiſſe ſe tromper,
puiſque la raiſon ne trompe perſonne.
D'ailleurs on a été conduit à ces étonnantes découvertes par le fil de l'analogie & de la conjecture ; quelle voye
plus promte & plus ſûre de découvrir
la vérité ?

Où ce fil précieux n'a-t-il pas conduit
le Sage, que nous citons, dans ce laby-
rinthe obſcur. Il a trouvé que les animaux ont même la connoiſſance des
principes généraux & des axiomes, tels,
par exemple, que celui-ci : *une choſe ne*
peut pas être & n'être pas en même-tems ;
& il le prouve par un exemple aſſés ſenſible. » (a) Une brebis, qui a apperçu
» un loup, & qui s'enfuit, eſt bien
» aſſûrée, que le loup étant dans l'en-
» droit où elle l'apperçoit, ne peut pas
» dans le moment n'être pas dans cet
» endroit... Peut-être n'a-t-elle pas ré-
» duit, comme les Philoſophes, cette con-
» noiſſance en axiome : je dis *peut-être*,
» parce qu'on en peut douter ; car nous
» appercevons, par les actions des bêtes,
» qu'elles acquièrent, par l'uſage des
» ſens, des connoiſſances habituelles,

(a) Ibid. T. 3. p. 225 & 226.

» qui leur ſervent de régle; ce qui eſt
» bien la même choſe, que ſi elles ré-
» duiſoient ces connoiſſances en axiomes.
» Il paroit, en effet, qu'il ne manque
» à leurs maximes, que d'être rédigées
» en propoſitions. «

Ô Philoſophie! que tu nous prépares
à d'étonnantes révolutions! ſi les animaux ont des *maximes*, & qu'il ne leur
manque que de les rédiger en *propoſitions*, ils n'ont donc qu'un pas à faire,
pour devenir Philoſophes; & les bois
vont être peuplés de Sages. Qui ſait
même, ſi ce grand pas n'eſt pas déja
fait; & connoiſſons-nous aſſés les animaux, pour aſſurer que leurs *maximes* ne
ſont pas encore rédigées en *propoſitions*.
Hélas! peut-être les forêts ſont de véritables licées. Peut-être les ſinges & les
ours ſont-ils de plus grands Philoſophes
que nous. Peut-être ont-ils trouvé des
vérités, dont nous n'avons pas même
l'idée. Car, s'ils ont commencé à phi-
loſopher, ils ont dû faire, en peu de tems,
de plus grands progrès que nous dans
l'étude de la Sageſſe. Ils n'y ſont point
gênés par la tyrannie de la Superſti-
tion. C'eſt elle, qui a arrêté parmi nous
la découverte de ces vérités admirables;

que *non-seulement les bêtes , mais encore les plantes ont une ame , &* qu'entre la leur *& la notre il n'y a de la différence que du plus au-moins ;* que *la pensée inétenduë & indivisible est la modification d'une ame matérielle & étenduë ;* que l'é-vidence *est de toutes les démonstrations la plus foible , lorsqu'on n'est pas prévenu ;* que *le principe de contradiction même n'est pas certain ,* & que *conséquemment le pour & le contre peuvent être vrais en même-tems ;* que *le meilleur moyen de devenir vertueux , c'est de faire l'amour ;* que *la probité est l'habitude des actions utiles ,* &c. &c. &c. &c. &c. Voy. *Bêtes , Homme.*

APOSTROPHE. Figure familière aux Philosophes : seuls ils en ont fait connoître l'énergie. C'est cette figure qui rend leurs discours si éloquens. Quand je les entens s'écrier, ô Homme , ô Nature ! je suis transporté.

ARGUMENTATION , ARGUMENTER. Noms odieux au Philosophe : méthode pédantesque : elle donne des entraves au génie. Un homme, qui argumente n'a qu'une marche pesamment didactique.

Celle du Philofophe eft d'aller par fauts & par bonds, de franchir des intervalles immenfes, pour nous découvrir d'un feul trait des vérités inouies, auxquelles cent ans d'argumentation ne nous conduiroient jamais.

ATHÉES, ATHÉISME. Un Sage a dit » (a) qu'on ne finiroit point fi l'on vou- » loit donner la lifte de tous les peuples, » qui vivent fans avoir l'idée de Dieu.« Bayle a fu même, par je ne fais quelle voie, car il ne le dit pas, que ces peu- ples font fitués dans les terres auftrales & *inconnuës*. C'eft un nouveau motif qui devroit engager les Princes à ne rien épar- gner pour la découverte de ces terres. Un peuple entier d'Athées feroit un fait rare & intéreffant pour la Philofophie.

Ceux de nos Philofophes, qui font Déiftes, aiment bien mieux les *Athées* que les *Superftitieux*, fur-tout quand on prend ce dernier terme felon toute l'é- tenduë que nous lui donnons. Il eft cer- tain d'ailleurs que » (b) la Superftition » eft plus injurieufe à Dieu, que l'A- » théifme « par la même raifon qu'un

(a) L'Efprit, p. 237.
(b) Penf. Philof. n°. 12.

ſujet, qui par ignorance, ou par étour-
derie, reconnoîtroit un grand de la Cour
pour ſon Roi, le prenant pour le Roi
lui-même, ou honoreroit ſon Prince à ſa
mode, ſelon ſon génie groſſier, ſeroit
bien plus coupable, que celui qui refu-
ſeroit de le reconnoître pour ſon Souverain, quand il le verroit revêtu de
toutes les marques de ſon autorité.

Vous, qui regardez les Athées avec
horreur, aux yeux de qui ils ſont ou
des fous, ou des monſtres, ne ſoyez point
ſurpris que les Déiſtes prennent leur défenſe & cherchent à les juſtifier. Ils ſont
nos frères, ils ſont Philoſophes comme
nous. Ecoutez un de nos Sages & jugez
mieux des Athées. » (*a*) Rien n'empê-
» che, dit-il, qu'un Athée ne croie auſſi
» fermement, en vertu de ſes ſophiſmes,
» qu'il n'y a point de Dieu, que le Théiſ-
» te croit l'exiſtence de Dieu en vertu
» des démonſtrations qu'il en a. « Il
faut donc avoir de la compaſſion pour
l'Athée & non de l'horreur. Si ſon cerveau eſt tellement dérangé, que les ſophiſmes faſſent ſur · lui le même effet
que les démonſtrations ſur un cerveau
bien conſtitué, ne plaindrez-vous pas plu-

_____
(*a*) Encycl. au mot *Athée.*

tôt son malheur, que de détester son crime.

Si vous voulez le convertir, chargez-en un Déiste. » Seul il peut lui faire tête, » dit un de nos Sages, & le Supersti- » tieux n'est pas de sa force. La raison » de cela saute aux yeux. « Les Déistes & les Athées sont d'accord sur un si grand nombre d'articles, qu'il ne vaut pas la peine qu'ils se divisent pour un seul, qui, à le bien prendre, est le moins intéressant de tous pour eux. Car si l'ame est mortelle, & qu'une ame mortelle n'ait point de devoirs ; si les idées de la vertu & du vice sont arbitraires, si la probité n'est que l'habitude des ac-tions utiles ; si &c. &c. qu'importe que Dieu existe ou non ? D'ailleurs plusieurs Déistes ont des idées sur l'existence de Dieu & sur sa manière d'être, qui ne doi-vent pas beaucoup effaroucher les Athées. Voy. *Dieu, Déistes.*

AUTORITÉ. C'est le mot le plus odieux au vrai Philosophe. Car Autorité impose dépendance & Philosophie crie sans cesse *Liberté* & ne peut subsister sans elle.

En fait de mœurs & de conduite nous ne connoissons que les avis de la nature ;

ce font nos loix. En fait de créance &
d'opinion, il y a penfée & langage. Il
eft clair que l'effence de la Philofophie
confifte dans la liberté de penfer. L'Autorité de fa raifon eft la feule qu'un
Sage reconnoiffe. A la vérité cette raifon, qui ne trompe jamais, dicte aux
divers Philofophes des chofes tout oppofées. Les Anglois, qui ont le bonheur de
pouvoir parler, comme ils penfent, &
qui ne fuivent en tout que leur raifon,
ont autant de profeffions de foi que de
citoyens, qui tous s'en font une, chacun
à leur mode. Ces créances font fouvent
contradictoires. Mais ce pourroit bien
être là une preuve que cet axiome *la
vérité eft une, & ne peut fe trouver en
même-tems dans deux propofitions contradictoires*, eft un axiome hazardé, ou même erroné ; & que peut-être on trouvera
bientôt que le *pour* & le *contre* peuvent
être vrais tout à la fois. L'importante découverte pour la gloire de la Philofophie ! Quoiqu'il en foit, qu'on penfe,
comme on voudra, & quel homme,
pour grand qu'il foit, pourroit affujettir
mon ame jaloufe de fa liberté. Cependant dans le langage, il eft néceffaire,
pour les progrès de la Sageffe, qu'on fe

mette fous les étendars de quelque autorité refpectable. Les Philofophes ont le double droit & de méprifer ceux qui citent & de citer eux-mêmes. Les noms de *Génies fublimes*, de *Génies créateurs*, d'*Écrits éloquens & lumineux*, ne peuvent manquer de faire un bon effet. Combien de vérités, qui ne doivent leur fortune qu'aux noms illuftres des Auteurs, qui par les éloges de nos Sages, ont tiré de ces vérités plus de gloire, qu'ils ne leur en avoient communiqué. Quand nous ferons parvenus à ce point d'indépendance, où eft heureufement monté un Peuple Philofophe, nous fecouerons tous publiquement le joug de toute *autorité*, & celle même des Sages. Être fuprême ! Quelle abondance de vérités vont éclorre, par la communication des idées les plus furprenantes.

AUTORITÉ POLITIQUE. » (*a*) L'Iné-
» galité des conditions étant un droit
» barbare, (*b*) aucune fujettion natu-
» relle, dans laquelle les hommes font
» nés à l'égard de leur Père, ou de leur
» Prince, n'a jamais été regardée, com-

(*a*) Encycl. Difc. prélim. Tom. I.
(*b*) Ibid. au mot *Gouvernement*.

» me un lien, qui les oblige, fans leur
» propre confentement à fe foumettre à
» eux. Le Prince tient de fes fujets mê-
» mes l'autorité qu'il a fur eux. Le gou-
» vernement eft un bien public, qui par
» conféquent ne peüt jamais être enlevé
» au peuple, à qui feul il appartient
» effentiellement en propriété. C'eft tou-
» jours lui, qui en fait le bail, & il
» intervient dans le contrat, qui en ad-
» juge l'exercice. «

Tirera les conféquences qui voudra :
ce n'eft pas notre affaire. Le Philofophe
ne fait-il pas affés pour le bien de l'Etat,
& pour la tranquillité publique, d'ofer
publier de pareilles maximes. Il a mis
fur les voies; fon devoir eft rempli. Ceux,
qui connoiffent là-deffus notre façon de
penfer, en font quelquefois furpris; mais
j'en appelle aux plus grands partifans de
l'autorité, n'eft-ce pas la Religion, qui
en eft le plus folide fondement, & fes
préceptes les titres les plus fûrs ? Le fondement ruiné, dans l'opinion du Sage,
& les titres déclarés faux, que doit devenir l'autorité à fes yeux ? Faut-il toujours le répéter ; & ne fait-on pas ce que
nous penfons de cette Religion. Voy.
Gouvernement , Intérêt.

B

BASTILLE, BISSETRE. Mots que tout Philosophe doit avoir présens à l'esprit, quand il écrit sur la Sagesse, excepté moi, qui ne veux imprimer qu'après ma mort.

BEAUTÉ. L'Empire de la beauté n'étoit autrefois que l'empire de l'amour, & l'empire de l'amour étoit le plus souvent, aux yeux de l'imbécille antiquité, l'empire des desordres & des crimes. Aujourd'hui tout cela est changé. Le régne de la beauté & de l'amour est devenu, grace à nos Sages, le régne de la vertu. Cette vérité, inconnuë à tous les siécles, qui ont précédé le notre, est fondée sur ces deux principes de notre morale : *quiconque est capable d'aimer est vertueux. Toutes les vertus se tiennent par la main, & la tendresse du cœur en est une.*

Ô Hommes ! combien devez-vous chérir ces bienfacteurs de l'humanité, ces restaurateurs de la raison, ces créateurs de la morale, qui vous ont rendu la vertu ſi facile, & ſi agréable! Voy. *Amour*, *Concubinage*, *Adultère; Femmes*, *Libertinage*, &c.

BÊTES. Êtres ſemblables à l'homme, ſelon nos Sages, & qui en un ſens, leur ſont bien ſupérieurs. C'eſt d'elles que les hommes ont appris leurs premières leçons, & elles ont été nos premiers maîtres.

» (*a*) Les *Bêtes* ont une ame ca-
» pable de toutes les opérations, que
» forme l'eſprit de l'homme, de con-
» cevoir, d'aſſembler ſes penſées, d'en
» tirer une juſte conſéquence. (*b*) Les
» hommes, diſperſés dans les forêts,
» obſerverent, imitérent leur induſtrie,
» & s'éleverent ainſi juſques à l'inſtinct
» des *Bêtes*. « Qu'ils étoient donc peu
de choſe, avant que de s'élever ſi haut.

» (*c*) Si les *Bêtes* n'ont pas les ſu-
» prêmes avantages, que nous avons,
» elles en ont que nous n'avons pas.
» Elles n'ont pas nos eſpérances, mais
» elles n'ont pas nos craintes, & ne font
» pas un auſſi mauvais uſage de leurs

(*a*) Philoſ. du bon ſens, Tom. 2. p. 207.
(*b*) Origine de l'inégalité des Hommes, p. 13.
(*c*) Encycl. au mot *Bêtes*.

» paſſions.

» paffions. « Elles font donc plus heureufes & plus eftimables que nous.

Il feroit bien hardi d'affurer, que les
Bêtes ne feront pas un jour de grands
Philofophes, & qu'elles ne feront pas
de plus grands pas que nous dans la fageffe & dans les fciences. Ce qui en-
chaîne leur induftrie & leur efprit, c'eft
(*a*) qu'elles ont des pattes & non des
mains ; que leur vie eft plus courte que
la notre ; que mieux armées & mieux
vêtuës, elles ont moins de befoins, &
doivent avoir conféquemment moins d'inventions ; qu'elles ne forment qu'une
Société fugitive devant l'homme, toujours armé pour les pourfuivre ; qu'elles
ne font pas auffi multipliées que l'homme, & qu'une efpèce d'animal a plus
d'idées & d'efprit, à mefure qu'elle eft
plus multipliée.

Or, qui pourroit afsûrer, que tout
cela ne changera pas ; que dans la fuc-
ceffion des tems les pattes des animaux,
par des changemens fucceffifs, ne de-
viendront pas des mains ; que leur vie ne
fera pas plus longue ; que perdant les ar-
mes & les vêtemens que la nature leur
a donnés, ils n'auront pas plus de be-

(*a*) Extrait de l'Efprit, p. 2 & 3.

C

foins & conféquemment plus d'induftrie ;
qu'ils ne s'uniront pas en Société plus
permanente, ne fut-ce que pour mieux
réfifter à l'homme ; qu'enfin quelque efpèce d'animal ne multipliera autant &
plus que l'homme. Leur Philofophie ne
tenant qu'à cela, qui pourroit la foute-
nir impoffible ?

Déja les finges ont des mains, & peut-
être d'abord ils n'en avoient point. Il ne
leur manque que de vivre plus long-
tems, d'avoir plus de befoins, de vivre
en Société, & fur-tout de *s'ennuyer*,
car » (*a*) on doit regarder l'ennui ,
» comme un des principes de la perfec-
» tibilité de l'efprit humain. «

Pour moi, je fuis étonné que cette
grande révolution ne foit pas encore ar-
rivée ; & il faut qu'il y ait quelque autre
raifon, que le Sage, que je viens de citer,
n'a pas vuë. Peut-être auffi la révolution
eft commencée ; & fi les *Bêtes* n'ont pas
fait du progrès dans les arts, elles en
ont peut-être fait de plus grands que
nous dans la Sageffe. Les arts ont été nos
premiers pas, & ils feront chez elles peut-
être les derniers. En ce cas, elles feront
plus fages & plus heureufes que nous.

(*a*) Ibid. p. 3.

Pourquoi ne pas chercher les moyens d'entendre le langage des *Bêtes*, & de leur faire entendre le nôtre. Je ne puis me perfuader, que des animaux qui ont de la mémoire (*a*) & des fonctions fenfitives fi étenduës, (*b*) le difcernement, la rémémoration, les rélations, les indications, les abftractions, les déductions, les inductions, & les paffions, n'aient pas une langue affés étenduë. Dans un fiécle auffi éclairé que le nôtre, regarderoit-on comme impoffible d'entendre ces langues & de donner aux animaux quelque idée des nôtres.

Déja par la voie de l'analogie, nos Sages ont été conduits à affurer, que les bêtes connoiffent les mêmes principes, & les mêmes axiomes que nous. Oui » (*c*) ces principes généraux, ces » premières vérités, que les Philofophes » nous préfentent fous le nom impofant » d'*axiomes*, & que l'on a mis au rang » des vérités intellectuelles, & même au » rang des vérités innées, ne font que » des connoiffances que les hommes &

(*a*) L'Efprit, p. 1 & 2.
(*b*) Encycl. au mot *Evidence*.
(*c*) Economie animale, T. 3. p. 226.

„ les *Bêtes* acquièrent & diftinguent par
. „ le feul fentiment. «

Des hommes plus heureux, ou plus
habiles ont pouffé plus loin leurs découvertes. Ils ont trouvé, qu'on pouvoit ré-
duire à *cinquante-fix* chefs les connoiffances naturelles primitives & évidentes.
Or „ ces *cinquante-fix* premières vérités
„ évidentes font les régles de la conduite
„ de tous les animaux, dans leurs ac-
„ tions rélatives à leur confervation, à
„ leurs befoins, à leurs inclinations, à
„ leur bonheur & à leur malheur. " Combien d'hommes qui n'en favent pas
tant !

Si, fans connoître la langue des animaux, on a fait de fi merveilleufes découvertes, par rapport à leurs connoiffances, que de prodiges ne nous décou-
vriroit pas peut-être leur langage ? Quelle
variété d'idées, dans cette diverfité d'efpèces, qui „ (*a*) fe forment, chacune
„ à part, un fyftême de connoiffances. "
Quel affemblage d'idées analogues dans
chaque efpèce, dont „ (*b*) les indivi-
„ dus font les mêmes *études*, & ont en
„ commun les mêmes idées. "

(*a*) Traité des Animaux, p. 99.
(*b*) Ibid.

Quel dommage que (*a*) „ les *Bêtes*
„ foient pour nous, comme des étran-
„ gers, qui s'entendent entr'eux, qui
„ nous entendent, mais que nous n'en-
„ tendons pas ! " Pourquoi (*b*) „ les
„ animaux domeftiques font-ils capables
„ de quelque intelligénce des fons ar-
„ ticulés, " de forte que „ toutes les
„ fois que nos penfées ne renferment que
„ des idées communes, ils fe font une
„ habitude de lier ces penfées au fon
„ dont nous les accompagnons conftam-
„ ment; " tandifque nous, depuis que
nous vivons avec eux, ne favons pas encore le premier mot de leur Dictionnaire.

Ils parleront un jour : „ (*c*) un rien
„ peut-être les en empêche, & ce foi-
„ ble obftacle fera peut-être un jour levé.
„ Les hommes qui parlent, doivent fon-
„ ger, qu'ils n'ont pas toujours parlé. "
Ils parleront un jour, mais ne feroit-
ce pas notre honte, qu'ils euffent fait
tous les frais de ce commerce, qu'ils
établiroient avec nous ; & que nous n'y
euffions contribué en rien. Je croirois
donc ce probléme digne d'être propofé

(*a*) Traité de l'Ame, p. 154.
(*b*) Traité des Animaux, p. 103.
(*c*) Les Animaux plus que machine, p. 6.

par toutes les Académies de l'Europe : *par quelle voye on pourroit parvenir plus facilement , & plus sûrement à comprendre le langage des Bêtes ; & à leur faire mieux entendre le nôtre.* On pourroit d'abord se borner à une espèce , celle du chien , par exemple , ou même de l'âne, dont les braiemens , peu agréables , à la vérité , ont des nuances plus sensibles , & un accent plus marqué. Il seroit curieux de découvrir , dès le premier pas, que la patience de cet animal est tout-à-fait philosophique.

Concluons , que, si rien ne nous remplit mieux d'un sage orgueil , que la Philosophie , rien aussi ne diminuë plus efficacement notre amour propre. Par toutes les découvertes , que l'on a faites dans les connoissances & les études des animaux , rien de plus évident que ce que dit un Sage. ,, (*a*) Tout le règne ,, animal est composé de différens sin- ,, ges, plus ou moins adroits , à la tête ,, desquels *Pope* a mis *Newton.*

BIEN. Que d'erreurs sur cet article , que la Philosophie a dissipé par l'éclat de sa lumière. Le *Bien ,* selon les idées

(*a*) Système d'Epicure.

reçuës, étoit l'accompliffement des devoirs ; l'*Homme de bien* étoit l'homme
fidéle aux loix. Les avantages de la nature ou de la fortune n'étoient des *Biens*,
aux yeux des Anciens Sages, qu'autant
qu'on en faifoit un bon ufage ; & ils mé-
ritoient d'être appellés des maux, quand
on en abufoit. Voici des idées toutes nouvelles & toutes contraires aux premières.
„ (*a*) On peut donner le nom de *Bien*,
„ à toutes les chofes, qui par l'ordre
„ établi par l'Auteur de la nature, font
„ les canaux, par lefquels il fait, pour
„ ainfi dire, couler les plaifirs jufqu'à
„ l'ame. Plus les plaifirs, qu'elles nous
„ procurent font vifs, folides & dura-
„ bles, plus elles participent à la qua-
„ lité de bien. "
Les trahifons donc, les révoltes, les vols,
les meurtres & les parricides, pourront
être appellés des *Biens*. Pourquoi non ?
dès-là qu'ils feront couler dans l'ame des
traitres, des parricides, des meurtriers
& des raviffeurs, des plaifirs vifs & durables. Or rien de plus ordinaire. Voyez-
en la preuve au mot *Bonheur*.

BIZARRE. On a bien mal à propos

(*a*) Encyclop. au mot *Bien*.

C 4

rendu ce mot & ce qu'il signifie, odieux & méprisable. Les hommes, qu'on appelle *Bizarres*, sont de véritables Philosophes. Qu'est-ce en effet qu'un homme *Bizarre* ? C'est un homme, qui fronde les préjugés & les idées reçuës, qui pense, parle, agit, au rebours des autres hommes, qui ne connoit pour loix que ses goûts, que rien ne gêne, ni égards, ni bienséances, ni coutumes. Or quoi de plus philosophique que ce caractère ? Ne sont-ce pas là les vrais Sages.

Je le dis avec douleur : mais je ne puis m'en taire. La Philosophie est devenuë trop commune ; il n'y a plus ni mérite, ni distinction à être Philosophe. Je ne donne pas dix ans à notre France, & il faudra avoir de la Religion, pour se distinguer du peuple, & il n'est pas nécessaire d'avertir combien la signification de ce mot est étenduë. Plusieurs s'applaudissent de ce que *les centres de lumières s'étendent*, & que *les centres des ténébres se retrécissent*. Je ne sais pas, s'il ne seroit pas plus convenable de s'en plaindre. Car enfin il est triste de penser comme tout le monde.

BONHEUR. Si vous avez cru jufques à préfent, que le véritable bonheur confif- toit & ne pouvoit confifter que dans la vertu, détrompez-vous, ô homme, qui afpirez à la Sageffe, & fachez que (*a*) „ par rapport à la félicité le bien & „ & mal font fort indifférens; & que „ celui, qui aura une plus grande fa- „ tisfaction à faire le mal, fera plus „ *heureux*, que quiconque en aura moins „ à faire le bien. (*b*) Il eft même des „ hommes affés malheureufement nés pour „ ne pouvoir être *heureux*, que par des „ actions, qui menent à la gréve.

Vous frémiffez, peut-être, en lifant ceci : j'en ai autrefois frémi tout comme vous ; mais peu-à-peu on s'apprivoife avec ces idées. Elles paroiffent d'abord affreu- fes, & finiffent par paroitre agréables. Si vous voulez y réfléchir, vous en ver- rez bientôt la raifon.

(*a*) Difc. fur la vie henreufe, p. 54.
(*b*) L'Efprit, p. 574.

C

CATÉCHISME. Nous nous sommes réconciliés avec ce mot, qui nous étoit odieux, & que nous avions banni de notre langue, depuis qu'un de nos Sages a imaginé le projet d'un (a) „ *Catéchisme* „ *de Probité*, dont les maximes simples „ & vraies & à la portée de tous les „ esprits, apprendront aux peuples, qu'on „ doit regarder les actions, comme in-„ différentes en elles-mêmes, & que „ c'est au besoin de l'État à déterminer „ celles qui sont dignes d'estime ou „ de mépris, & au Législateur à fixer „ l'instant où chaque action cesse d'être „ vertueuse & devient vicieuse. "

Nous avons, il est vrai, le Catéchisme des Philosophes, (b) auquel un plaisant a donné un nom ridicule : mais nous entendons raillerie. Je ne sais, si nos Messieurs ont goûté cet écrit. Pour moi, je dois beaucoup de reconnoissance à son

(a) L'Esprit.
(b) Catéchisme & décisions de cas de conscience à l'usage des Cacouacs.

Auteur. Il m'a épargné la peine de chercher dans leurs fources les plus belles idées. & les plus admirables découvertes de nos Sages ; & ce n'eft pas un petit fervice rendu à un pareffeux.

Quoiqu'il en foit , ce Catéchifme n'eft pas à la portée de tous les efprits. Il faudroit encore une fois un *Catéchifme de Probité*. On nous le demande depuis long-tems , & il feroit bien à fouhaiter , que nos Meffieurs puffent s'affembler , pour convenir de quelque chofe. Je prévois que l'entreprife fera difficile , vû la liberté de penfer , & l'indépendance , qui eft notre plus beau droit. Mais que ne peut pas le zéle philofophique ?

CERTITUDE. Un fiécle Philofophe découvre plus de vérités , que des milliers de fiécles , qui l'ont précédé , n'ont trouvé d'erreurs. Que de découvertes admirables duës à la fagacité & au courage de ceux qui ont ofé penfer. Cependant plufieurs d'entr'eux foutiennent qu'il n'y a rien de certain. (*a*) ,, Les hommes , ,, difent-ils , ne font faits que pour le ,, vrai-femblable. (*b*) Qu'on effaie de

(*a*) Pyrrhon. du Sage, §. 125.
(*b*) Ibid. §. 12.

„ démontrer les vérités les plus commu-
„ nes, les plus évidentes, on n'y par-
„ viendra jamais. (*a*) Il ne faut rien
„ admettre, comme démontré, parce
„ que rien ne l'eſt. (*b*) Qu'on ne me
„ parle pas de ce qui ſaute aux yeux,
„ de ce qu'on conçoit clairement. L'É-
„ vidence eſt de toutes les démonſtra-
„ tions celle qu'on recherche le plus,
„ & elle eſt la plus foible, quand on
„ n'eſt pas prévenu. "

Les Philoſophes ſeroient donc les victimes des erreurs & les eſclaves des préjugés comme le peuple. Et que devient
donc cette multitude de vérités que nous
avons fait connoître à l'univers ? D'où
partent ces *centres de lumières*, qui s'é-
tendent toujours plus ? Où prend ſa
ſource cet air de confiance & de conviction qui nous diſtingue, & qui reſſem-
ble ſi fort à de l'Enthouſiaſme ? Nous
n'aurions donc plus aucun droit d'inſulter nos adverſaires ? Car ſi nous ne pouvons parvenir qu'au doute & à la vrai-
ſemblance, nous aurions mauvaiſe grace
d'être ſi déciſifs & ſi plaiſans. Il faut être
de bonne-foi. Tout cela eſt dur à digérer.

(*a*) Pyrrhon. du Sage, §. 35.
(*b*) Ibid. §. 24.

Mais voyons la preuve qu'apporte en faveur de fa théfe le Sage déja cité.

» (a) Ce qui eft contefté ne fauroit
» être regardé comme certain. (b) Il
» n'y a point de fentiment qui ne trouve
» des défenfeurs & des adverfaires. Quel
» parti choifir ? Doutons. (c) Les Ma-
» hométans croient que l'Alcoran eft vé-
» ritable : les Enfans, que les phantomes
» font rédoutables : donc il n'y a rien
» d'évident. "

Ce Sage a prouvé lui-même contre fa
théfe ; car il la pouffe jufques à la démonftration. Je ne fuis pas étonné, après
cela, qu'il s'écrie dans le tranfport de
fa conviction. *Tire toi de-là, Philofophe,*
fi tu le peux.

Le cas eft en effet embarraffant. L'e-
xemple des Mahométans & des Enfans
me frappe fur-tout & me fubjugue. *Les*
Mahométans croient que l'Alcoran eft vé-
ritable : les Enfans, que les phantomes font
rédoutables : donc il n'y a rien d'évident ;
la conféquence eft jufte.

Pour moi, je n'oferai plus affurer
qu'il *fait jour en plein midi.* Car fi je

(a) Ibid. §. 19.
(b) Ibid. §. 18.
(c) Ibid. §. 25.

vais aux petites maifons , affurément
quelqu'un des Sages qui les habitent
me conteftera ma propofition : or *ce qui
eft contefté ne fauroit être regardé comme
certain.*

Cependant ma difficulté revient toujours : comment concilier fi peu de certitude avec tant de vérités, que la Philofophie a fait connoître à l'univers ? Di-
rons-nous que ce qui eft vrai n'eft pas
toujours certain ; oui , nous répon-
droit-on, ce qui eft vrai , fans être
connu pour tel ; mais le vrai reconnu
& le certain ne font que la même chofe.

Il faudra donc fe borner à dire que
la grande vérité, que nous a appris la
Philofophie , c'eft que nous ne favons
rien , & que nous ne pouvons rien favoir.

Quand elle ne nous auroit rendu que
ce fervice , n'auroit - elle pas beaucoup
fait pour nous ? L'étude ne feroit plus
alors qu'un amufement. Les fciences feroient des jeux plus ou moins ingénieux.
Il régneroit parmi les Savans & les Auteurs une paix parfaite. Car voudroit-on
traiter férieufement des bagatelles , &
fe déchirer pour de fimples vraifemblan-
ces ? On diroit des connoiffances ,
comme des goûts , qu'il ne faut pas
en difputer.

Qu'on ne dife pas, au refte, que la Philofophie, en nous infpirant du dégoût pour les fciences, & en nous ôtant le feul aiguillon de l'étude, qui eft l'amour du vrai, nous la feroit abandonner, & nous replongeroit dans la barbarie. Car d'abord, avouons-le, c'eft l'amour de la belle gloire, encore plus que celui de la vérité, qui nous anime; & nous ambitionnerions toujours l'honneur d'avoir fait des rèves plus ingénieux. D'ailleurs la plus belle, la plus utile, la plus agréable partie de notre Philofophie fubfifteroit toujours, & quand nous ne pourrions devenir favans, nous pourrions toujours être heureux. Nous pourrions également faire l'amour pour acquérir de la vertu, & fatisfaire nos defirs, pour faire ceffer leurs importunités. Ces vérités font fenfibles; des Philofophes n'en douteront jamais.

CHARITÉ. Terme bas & populaire. fubftituez lui toujours celui d'*Humanité:* il eft plus noble & plus fonore. Et puis cette Charité a des devoirs trop étendus. L'Humanité bien entenduë eft plus à la portée de tous les cœurs. D'ailleurs quelle honte pour un Philofophe de fe fervir d'un mot fi fort chéri des Croyans. *Voy. Humanité.*

CHASTETÉ. On la croyoit autrefois une vertu, mais il eft évident que ce n'en eft pas une, depuis qu'il a été dit, que les *hommes étoient fous de fe perfuader, qu'il étoit beau de réfifter à l'Amour, & honteux d'y fuccomber.* Ô Philofophie ! quelle révolution tu as opéré dans les idées ! Qui pourroit te refufer le nom de Sageffe !

CIEL. C'eft dit un Sage, un Palais, qui a quatre portes, où l'on peut aborder des quatre côtés du monde. Les Juifs y vont par le chemin de l'Orient, facile & uni ; les Chrétiens, par celui de l'Occident raboteux & mauvais ; les Turcs, par celui du Septentrion encore plus gâté ; les Religions des Indes & de l'Amérique, par celui du midi, rempli de boues, & entouré de précipices : mais enfin on y arrive. Et les Déiftes & Philofophes, par quel chemin y arrivent-ils ? Ce Sage ne devoit pas nous oublier. Nous auroit-il confondus avec les Chrétiens ? Mais ne préfente-t-on au ciel que des noms ?

CLIMAT.

CLIMAT. L'influénce des climats fur les mœurs eft une idée vraiment Philo=fophique. L'Hiftoire des nations la contredit : mais un Philofophe ne refpecte l'Hiftoire & ne la fait valoir, que quand elle appuye fes opinions. Quoiqu'on en dife, cette idée de l'influence des climats tient à toutes les vérités Philofophiques fur les Loix, la Vertu, la Religion, les Mœurs. Par elle le Sage lie l'univers phyfique au monde moral. Le Thermometre devient auffi utile à la morale qu'à la Phyfique. Les Légiflateurs vont le confulter, pour régler & réformer leurs loix, & on aura enfin quelque chofe de fixe dans un fujet fi important, & où jufques à préfent on avoit erré à l'avanture.

CONCUBINAGE. C'eft fous ce nom odieux que les Superftitieux ont repréfenté l'amour : & quels traits, quelles invectives n'ont ils pas lancé contre lui. Les loix fe font unies là-deffus à l'ancienne morale. Les maximes d'honneur plus fortes encore ont achevé de flétrir l'amour; fur-tout aux yeux d'un fexe plus foible que le notre & expofé à de plus vives attaques.

D

Mais nos Philosophes ont bien vangé le *Concubinage* de la Superstition, de la morale, des loix, & des maximes d'honneur. Ils ne comprenent pas (*a*) » sous » quel prétexte on qualifieroit de crime » le Concubinage ? C'est une union du- » rable entre deux fidéles amans, qui » n'ont qu'un cœur, qu'une volonté, » qu'une ame. L'instinct de la nature exi- » ge-t-il quelque chose de plus ? Eh ! » qu'a donc de préférable le dur joug » du mariage ? Son indissolubilité ? Une » union fondée sur la tendresse n'est- » elle pas plus *pure*, plus *sainte*, plus » *estimable*, que celle qui n'est affermie » que par la nécessité ? «

J'entens d'ici murmurer bien des hommes peu Philosophes. Mais qu'ils ne s'avisent pas de disputer. Le Sage, qui a enfin rédigé le code de nos loix & de nos mœurs leur impose silence & les avertit qu'*il* (*b*) *faut en convenir sans contester.*

Ce n'est pas tout encore. Le *Concu- binage* qui passoit pour une suite de crimes, est devenu, grace à nos Sages, le plus puissant ressort des vertus. *Qui-*

(*a*) Mœurs, p. 347 & 348.
(*b*) Ibid.

conque eſt capable d'aimer, eſt vertueux. C'eſt rendre la vertu bien commune & bien facile, & c'eſt tant mieux pour l'Humanité.

CONFIANCE. Celle des Philoſophes n'eſt pas l'effet d'un ſot orgueïl. C'eſt le fruit de l'enthouſiaſme, que la vérité inſpire, & la preuve d'une forte conviction. Elle produit d'ailleurs un merveilleux effet pour les progrès du grand ouvrage de l'établiſſement de la Philoſophie. Elle donne à nos diſcours une force invincible, qui ſubjugue les eſprits plus efficacement que de bonnes raiſons.

Ô Homme, ſi tu ne ſais pas débiter avec aſſurance les choſes les plus ſurprenantes, & les plus abſurdes aux yeux du vulgaire, tu n'es pas inſpiré, tu n'es pas encore Philoſophe.

CONNOISSANCE. Pour la nature & le principe des connoiſſances humaines, voy. *Bêtes, Animaux, Ame :* pour leur certitude, voy. *Certitude.*

CONSCIENCE. » (*a*) Dès que pour » être heureux, il faut étouffer les re-

(*a*) Diſc. ſur la vie heur. p. 30.

» mords ; dès qu'ils font inutiles avant
» le crime , & qu'ils ne fervent pas plus
» après , que pendant qu'on le commet ; «
que faire de la Confcience ? Un épouventail de chenevière, pour contenir le
peuple. Mais (a) » la bonne Philofophie
» fe déshonoreroit en pure perte , en réa-
» lifant des fpectres, (b) en s'occupant
» de ces fâcheufes réminifcences , & (c)
» en s'arrêtant à ces vieux préjugés. «

Ce ne feroit encore rien que de fe dés-
honorer ; mais c'eft qu'on fe rendroit
malheureux. Cette Confcience n'entend pas
raillerie , quand on l'écoute , & ce doit
être la première victime immolée à notre bonheur. Plufieurs voudroient nous
faire craindre qu'elle ne fe vange un jour
avec ufure ; mais c'eft à nous tranquilli-
fer fur cet article que les Philofophes
travaillent fans relâche ; & il faut efpérer qu'ils n'y travailleront pas long-tems
inutilement. Voy. *Remords*.

CONSÉQUENT. Les Philofophes ne fe
piquent pas d'être *Conféquens*. Cela eft
bon pour ceux , qui cherchent la vérité

{ (a) Ibid.
{ (b) Ibid.
{ (c) ibid.

le compas & la toile à la main, froids differtateurs, qui vous avertiffent de tous les pas qu'ils font, & qui toujours craignans de s'égarer, reviennent fans ceffe fur leurs traces, pour voir s'ils font dans le chemin de la vérité. Le Sage, éclairé d'une plus vive lumière, franchit d'un feul de fes pas des intervalles immenfes ; & fi chemin faifant il s'égare, il eft doux de s'égarer ainfi dans un païs charmant. Les contradictions, épouventail des foibles, n'épouvantent point des efprits vraiment forts. Voy. *Contradiction.*

CONTRADICTION. J'ai vû des efprits populaires s'étonner & fe fcandalifer des *contradictions* des Philofophes. Comment, difent-ils, des *Sages*, qui tous ont trouvé la vérité, qui fuivent tous pour guides la nature & la raifon, *qui ne les trompe jamais*, peuvent-ils fe contredire, & n'ètre pas d'accord entre eux & avec eux mêmes. Ceux qui s'étonnent ainfi ont la vuë bien courte, de ne pas appercevoir la raifon de ce myftère.

Si les *Sages*, ne s'accordent pas entre eux, c'eft l'effet de l'indépendance,

& de la liberté de penser. Plus la Philosophie fera de progrès, moins ils s'accorderont ; parce que les forces de la liberté & de l'indépendance croîtront en raison directe des progrès de la Philosophie. Après avoir secoué l'autorité des loix, & de la religion, on secouera l'autorité des autres Philosophes. Le dernier période de la Sagesse sera de parvenir à cet heureux état où est parvenu un peuple Philosophe (les Anglois) chez qui il y a autant de systêmes, qu'il y a de têtes, & où chacun va au ciel, par le chemin qui lui plait.

Que les *Sages* ne s'accordent pas avec eux mêmes, cela est, je l'avouë, plus difficile à comprendre ; mais la chose n'est pourtant pas incompréhensible. Il faut toujours se souvenir, que les Philosophes ne suivent pas pour guide une raison pesamment didactique, mais un sentiment vivement emporté. Or qui ne sait que le sentiment a des variations journalières.

Enfin si on me force de dire, comment ces *contradictions* multipliées s'accordent avec la vérité ; je dirai, pour ne pas disputer, que je n'en sais rien ;

mais qu'il eft bien fûr, que le fentiment & la nature ne trompent point,
& que les Philofophes ne fuivent pas
d'autres guides. Que fi l'on me pouffe
à bout, je demanderai fort férieufement
qu'on me prouve que la vérité eft une,
& qu'elle ne peut pas fe trouver en
même tems dans le blanc & dans le
noir. Alors, fi l'on me demande de
quel côté eft la vérité, dans tant de
fyftêmes contradictoires ? Je répondrai :
par tout où il y a des Philofophes.

J'ajoute, d'après un de nos Sages, que
les *contradictions* du même Philofophe
fur le même objet ne donnent pas un
degré de certitude de plus à l'opinion
oppofée, puifque (*a*) *le principe de contradiction même n'eft pas certain.* Vous
conclurrez fi vous voulez, qu'il n'y a donc
aucun figne d'évidence & de certitude
dans nos connoiffances *Philofophiques.*
Plufieurs de nos Philofophes ne crain-
dront pas d'en convenir, & peut-être
moi tout le premier.

Copistes, Plagiaires. Ô *Homines
fervum pecus !* Philofophes voilà votre
épouventail. Rien ne peut vous défho-

(*a*) Pyrrhonifme du Sage, §. 110.

norer , comme de penſer d'après autrui , & d'être de ſerviles Copiſtes. Inventez , enfantez , faites du nouveau , ſi vous voulez mériter le nom de *Sage* : mais preſſez-vous ; tout bientôt aura été dit , juſques aux choſes les plus étranges. J'en vois déja , qui commencent à radoter. On a mis tous les anciens à contribution : on a pillé tous les autres : on a traduit tout ce que les Anglois avoient de bon : pluſieurs , juſqu'à l'inépuiſable V * * * commencent à ſe répéter , à ſe piller eux-mêmes. Bientôt on perdra cette dernière reſſource. Heureux les Philoſophes , qui ſont venus les premiers , lorſque les grandes vérités de la Philoſophie étonnoient encore & paroiſſoient toutes nouvelles. Aujourd'hui elles ne ſurprennent plus. On nous reproche depuis longtems , que nous rebattons les mêmes choſes , & qu'on y a répondu cent fois.

CORPS. Y a-t-il des corps dans le monde , ou tout ce que nous croyons voir , toucher , entendre , n'exiſte-t-il que dans notre imagination ? Nos ſenſations ont-elles des objets réels hors d'elles-mêmes , ou n'y a-t-il de réel dans le monde que ces senfations ? Grande queftion que bien des gens croient ne pouvoir être férieufement propofée que par des fous , & honnêtement traitée autre part qu'aux petites maifons.

Mais ce qui prouve que ces gens-là fe trompent, c'eft qu'un de nos Sages foutient dans le plus grand férieux que » » (*a*) l'exiftence des corps n'eft qu'une » probabilité « , & un autre en avouant, qu'il y a fans doute de la folie à s'imaginer qu'on foit le feul être exiftent, ajoute, fort à propos (*b*) qu'il » ne peut » démontrer qu'une folie foit une erreur.

J'en vois d'ici qui riront, quand ils liront ceci , d'autres leveront les épaules, & moi je leur répondrai, *ri, parterre, ri.*

COSMOPOLITE. Citoyen de l'univers. Titre qui convient admirablement bien au Philofophe. Le Sage n'a point de patrie. Sa Patrie c'eft l'univers & fes concitoyens tous les hommes. Il parle pourtant toujours de *Patrie*, & il a fort à cœur la gloire de la nation : mais tout cela s'explique. Voy. *Patrie, Humanité, Intérêt.*

(*a*) L'Efprit, p. 6.
(*b*) Pyrrhon. du Sage , §. 29 & 30.

COULEUVRES. On appelle *avaler des Couleuvres*, dans un fens figuré, être obligé d'avouer des conféquences abfurdes, monftrueufes, ridicules, ou être pris en contradiction, & être forcé d'adopter le pour & le contre. Ces *Couleuvres* ont été long-tems l'effroi des raifonnneurs. Quand ils trouvoient fur leur chemin des conféquences fâcheufes, ils fe croyoient obligés de revenir fur leurs principes, & de douter de leur vérité. Nos *Sages* font familiarifés avec ces *Couleuvres* : ils en avalent tous les jours des milliers & n'en font point incommodés. Les conféquences les plus terribles, & qui auroient autrefois fait friffonner les plus hardis difcoureurs, ne les épouvantent plus. Ils fe difent affurés de leurs principes ; les conféquences font enfuite ce qu'elles peuvent. Si elles font fâcheufes, tant pis pour elles ; eft-ce la faute des principes, ou de ceux qui les ont trouvés ?

CRAINTE. Sans la force majeure, le nom même de ce fentiment incommode feroit bientôt aboli parmi nous. La *Crainte* des loix & de ceux qui ont en main l'autorité pour les faire obferver, eft la

feule contre laquelle nous n'ayions point
de reméde bon ou mauvais. (*a*) » La
» politique n'eſt pas ſi commode que
» notre Philoſophie. La Juſtice eſt ſa fille:
» les Gibets & les Bourreaux ſont à ſes
» ordres. « Un *Sage* ne craint pas de le
dire : » crains-les plus que ta conſcience
» & les Dieux. « Conſeil digne d'un
Philoſophe, d'un bienfaɛteur de l'humanité, & d'un reſtaurateur de la raiſon.
Voy. *Remords, Intérêt.*

CRÉATION. Pluſieurs de nos Sages ne
conçoivent pas la Création : or c'eſt une
grande régle parmi nous de pouvoir tout
comprendre, ou de nier du moins tout
ce que nous ne comprenons pas. Il eſt,
à la vérité dans la nature, & il ſe préſente tous les jours à nous des choſes que
nous ne concevons pas ; mais de nier ces
choſes-là ne meneroit à rien ; au lieu
que, ſi l'on pouvoit démontrer la Création impoſſible, cela auroit de grandes
ſuites.

Un Philoſophe eſt venu, qui a dit :
» (*b*) ſi de rien il ſe pouvoit faire quel-
» que choſe, on appercevroit perpétuel-

(*a*) Diſcours ſur la vie heureuſe, p. 94 & 95.
(*b*) Philoſophie du bon ſens, T. 3. p. 289.

» lement fortir du néant de nouvelles
» chofes. « Mais ceux qui admettent la
poffibilité & le fait même de la Création, ne prétendent pas que de rien il
fe puiffe faire quelque chofe, fans la volonté libre d'un Être tout-puiffant, lequel a pu vouloir créer autrefois & ne
le vouloir plus aujourd'hui. Notre Philofophe donc, je fuis obligé de l'avouer,
a manqué fon coup.

Dans un autre endroit, le même Sage,
laiffant à part la poffibilité de la Création,
en a attaqué le fait dans l'exiftence de
ce monde. Il a dit : » (a) un Être fou-
» verainement parfait, tel que Dieu l'eft,
» ne fauroit créer un Être rempli de
» mille imperfections. « Mais outre qu'il
eft effentiel à l'Être créé de n'être pas
parfait, que diront à cela ceux qui penfent que *tout eft bien*. D'ailleurs ce qui
nous paroit des imperfections, pourroit
bien ne l'être pas aux yeux de l'Être
fouverainement parfait. Quand on parle
de fouveraine perfection, un Philofophe
même doit craindre de fe trop avancer.
La machine du monde eft fi compliquée,
elle tient à tant d'objets, elle roule fur
tant de refforts ! Ce qui nous paroit des

(a) Philofophie du bon fens, p. 263. Tom. 1.

ombres, fert peut-être à relever les couleurs du tableau.

D'autres au défaut des raifonnemens, fur une matière, qui ne donne pas beaucoup de prife, ont affemblé des témoignages, & affurent que » (a) la plûpart des *Philofophes Chrétiens*, auffi » bien que les Philofophes Payens, re-» connoiffent, que le monde exifte né-» ceffairement par lui-même, & qu'il » n'eft point de fa nature d'avoir pû » commencer, ni de pouvoir finir. «

Ces autorités font refpectables, fans doute, fur-tout celles des *Philofophes Chrétiens*, non pas parce qu'ils font Chrétiens, car ils ne le font que de nom, mais parce qu'ils font de ce fiécle. On fouhaiteroit pourtant qu'ils accompagnaffent leur opinion de quelque bonne raifon. La chofe eft fi importante ! Il faut efpérer qu'ils en trouveront dans la fuite.

Pour moi, j'y ai travaillé, mais, je l'avouë, pour la première fois de ma vie, je n'ai pas été content de moimême.

CRIME, CRIMINEL. Termes, qui, au dire d'un de nos Sages, ne font pas ab-

(*a*) Hift. nat. de l'Ame, p. 8.

folus, mais rélatifs aux motifs, & aux conféquences des actions. » (a) On au-
» roit tort de penfer, que ce que nous
» appellons *crime*, le foit en effet, in-
» dépendamment des conféquences ; &
» qu'il faille le punir, abftraction faite
» des motifs. Le crime, qui nous paroit
» le plus affreux, devient louable & né-
« ceffaire, lorfque le befoin du meilleur
» nous y oblige. Un Sage puniroit celui,
» qui fait de bonnes actions par des
» motifs condamnables ; & récompen-
» feroit celui, qui en fait de mauvaifes,
» par des motifs de vertu.

C'eft-là une importante leçon à inférer dans le *Catéchifme de Probité*. On
y apprendra au peuple, comment il faut
diriger fon intention & purifier fes motifs, pour changer les crimes en vertus, & être toujours innocent. Pour le
Philofophe, il faura bien trouver ce
moyen de lui-même.

Quant à la punition des crimes, il
ne fera pas fi aifé de convertir les Juges
& de les engager à faire grace aux
criminels, en faveur de leurs bons motifs. Voyez à ce fujet *Crainte, Remords*
&c.

(*a*) Pyrrhon. du Sage, §. 103.

CULTE. Quand nous difons que » (*a*)
» le culte extérieur eft de bienféance , &
» non d'obligation. « Quand nous nous
écrions avec un grand Poëte, *qu'on foit*
jufte il fuffit, le refte eft arbitraire , on
nous demande des preuves. Mais quelles
meilleures preuves veut-on que nos lumières naturelles. Or » nos lumières na-
» turelles nous ont appris , que nul être
» fuprême n'éxige un culte des hommes. »
Que veut-on de plus ? Feroit-on le tort
à nos *lumières naturelles* de les fufpec-
ter d'ignorance ou de mauvaife foi.

CYNIQUES. » (*b*) Ces incidens, mais
» très-vertueux Philofophes « ont autrefois pofé les mêmes principes ; mais plus
heureux, ou plus courageux, ils les fuivoient dans la pratique un peu mieux
que nous ne le faifons. Nous le ferons
peut-être, quand nous aurons appris aux
hommes à les eftimer. C'eft déja beaucoup d'avoir ofé louer des Philofophes,
dont le nom feul faifoit horreur ; Philofophes pourtant , qui méritérent le
mieux de tous ce beau nom , puis qu'aucune fecte ne fronda jamais fi univer-
fellement le préjugé.

(*a*) LES MŒURS, p. 100.
(*b*) Encyclop. au mot *Cynique.*

D

DÉCENCE. Terme qui a d'heureuses applications parmi les Sages. Le culte extérieur n'étant, selon eux, que de bienséance, on ne doit à la Religion du païs que des apparences & des dehors. Le mot de *Décence* est très-propre à exprimer cette conduite, d'une manière *décente.*

On a dit de l'illustre Philosophe, qui le premier a découvert le véritable *Esprit des loix,* qu'il étoit mort dans des sentimens de Religion, sinceres & édifians. Cela seroit bien honteux pour la mémoire de ce grand homme, de s'être ainsi démenti sur la fin de ses jours, & de n'avoir pas eû le courage de courir le risque de ce qui pouvoit en arriver. Un Sage qui a fait son éloge a voulu le justifier sur cette imputation déshonorante aux yeux des Philosophes. Il a dit de lui qu'il étoit mort *avec décence.* cela n'est peut-être pas si vrai, mais cela est bien mieux dit.

DÉISTE,

DÉISTE, eſt devenu aujourd'hui un terme fort vague. Autrefois il ſignifioit un homme qui rejettant toute eſpèce de révélation, & ne voulant ſe conduire que par la lumière de la raiſon, croyoit ſeulement qu'il y a un Dieu, une Providence, des Vices, des Vertus, des Récompenſes & des Punitions Futures. Aujoud'hui il y a des Déiſtes, qui croient un Dieu le matin, & le ſoir ne le croient plus. D'autres croient un Dieu, mais un Dieu, qui n'a pas créé le Monde, qui ne le gouverne point, & qui n'a pas d'autre fonction que celle d'Être ſuprême. Ceux-ci croient l'ame immortelle ; enſeignent que l'on peut avoir de juſtes idées du vice & de la vertu ; que la vertu ſera récompenſée dans l'autre vie, & le vice puni, mais ſeulement par des punitions temporelles. Ceux-là tiennent l'ame matérielle, pour pouvoir ſe flatter qu'elle eſt mortelle : il n'y a point, dans leur opinion, d'autre vie après celle-ci, & notre ame ſe diſſout avec notre corps.

Quelques-uns enſeignent même, que les idées du vice & de la vertu ſont arbitraires & faites de main d'homme. Il en eſt qui diſtinguent entre l'hon-

E

nête & l'utile ; il en eft qui les confon-
dent , & qui n'affignent pour régle des
mœurs que l'intérêt. Les uns veulent des
loix , les autres n'en voudroient point.

C'eft pourquoi je ferois d'avis qu'on
fupprimât ces noms d'*Athées* & de
Déiftes , de *Matérialiftes* , de *Spinofiftes* ;
& qu'on s'en tint à ceux de *Philofophes*
& de *Sages* , qui pourront convenir à
tous, quelles que foient leurs opinions.

Un grand homme a dit (*a*) les
Théiftes , qui font par-tout fi nombreux,
n'ont jamais caufé le moindre tumul-
te ; & la raifon qu'il en donne, c'eft
que ce font des Philofophes. Nous n'a-
vons pas encore fait le dénombrement ,
& nous avons manqué d'occafions de
prouver, que c'eft par amour pour la
paix & non par force que nous fommes
tranquilles. Mais en attendant que nous
faffions notre dénombrement & nos
preuves, je trouve cette réflexion admirable , & capable de faire beaucoup
d'honneur à la Philofophie.

DEVOIR. Ce mot doit être banni de
la langue des Matérialiftes. Ils ne peu-

_____

(*a*) Œuv. de V.*** fur le Théifme, p. 249. T. IV.

vent le prononcer fans rire de bon cœur.
Il paroit en effet (*a*) » qu'une ame
» mortelle n'a point de devoirs. On
» croit lui faire beaucoup d'honneur ,
» de vouloir la décorer d'une prétenduë
» loi née avec elle. Elle n'eft point la
» dupe de cet honneur - là. Une ame
» bien *organifée* , contente de ce qu'elle
» eft , & ne portant pas fes vuës plus
» loin , dédaigne tout ce qu'on lui ac-
» corde au deffus de ce qui lui appar-
» tient en propre & fe réduit au fen-
» timent. «

Il eft encore evident que » (*b*) la
» probité étant l'habitude des actions
» utiles, & (*c*) devant être néceffairement
» fondée fur la bafe de l'intérêt per-
» fonel «, le nom de *Devoirs* devient
inutile , ou même ridicule. On pourra
pourtant le conferver encore quelque
tems, jufques à ce que le *Catéchifme de
Probité* paroiffe , & ait inftruit fuffifam-
ment le peuple. Mais quand la révolution fera parfaite, le nom même de *Devoirs* fera aboli ; chacun vivra exactement
pour foi , & ne fe mettra en peine des

(*a*) Difcours fur la vie heur. p. 65.
(*b*) L'Efprit, p. 73.
(*c*) Ibid. p. 232.

E 2

autres, qu'autant qu'il y trouvera son plaifir ou fon intérêt. On ne trompera plus perfonne. Chacun faura à quoi s'en tenir. Il n'y aura plus ni amitié, ni obéiffance, ni reconnoiffance, ni ingratitude, ni inconftance, ni perfidie. L'intérêt fera la feule loi, le feul fentiment. Les Pères, les Maîtres, & les Princes en feront un peu plus embarraffés pour gouverner ; car en ôtant un fi grand frein aux Paffions du peuple, on ôte un grand reffort au gouvernement. Mais c'eft l'affaire de ceux qui font au timon. Il eft vrai que fi le défordre fe met dans le vaiffeau, le Pilote ne fera pas le feul à périr. N'importe, le Sage penfe que *trop de prudence entraine trop de foin, il ne fait pas prévoir les malheurs de fi loin.*

DIEU. Moi qui fuis Déifte à tout rompre, je ne puis comprendre qu'on puiffe mettre en queftion *fi Dieu exifte.* C'eft, en voyant une Horloge, demander s'il y a jamais eu d'Horlogers, & en lifant l'Encyclopédie, & voyant les chofes rares & inouies qu'elle renferme demander fi le hazard a produit ces admirables articles.

Cependant, il faut avouer, qu'avant

l'établissement du Christianisme l'Existence de Dieu étoit encore une question , & qu'on ne voit , dans les écrits , des idées nettes sur l'Être suprême , que depuis que les Chrétiens existent. Il est bien triste de devoir un avantage si important à une Religion que nous aimons si peu , & à laquelle nous en voulons , quand nous attaquons toutes les autres.

Ne pourroit-on pas se passer de son secours ? La Philosophie toute seule ne peut-elle pas démontrer l'Existence de Dieu ? Les Croyans même en conviennent ; & cela saute aux yeux. Nous assurons nous-mêmes , que (a) » le Déiste seul » peut faire tête à l'Athée, & que le » Superstitieux n'est pas de sa force.

Pourquoi donc plusieurs de nos Sages parlent-ils avec si peu de décence de l'Existence de Dieu. L'un dit , qu' (b) » elle est le plus grand & le plus enra- » ciné de tous les préjugés ; « l'autre que (c) » il est difficile de la démontrer par » les seules lumières de la raison , & que » ces Lumières nous suffisent seulement » pour être assurés, qu'il est impossible de

(a) Pens. Philos n° 13.
(b) Reflex. sur l'Exist. de l'Ame & de Dieu.
(c) Pyrrhon. du Sage , §. 96.

E 3

démontrer le contraire ; « Celui-ci trouve mauvais (a) » qu'on enseigne de bon-
» ne-heure aux Enfans, *ce que c'est que* » *Dieu*, & qu'on leur apprenne à ré-
» pondre à une question, à laquelle les » Philosophes ont bien de la peine à
» répondre. C'est selon lui, leur incul-
» quer une des plus importantes vérités » d'une manière capable de la décrier
» un jour au Tribunal de la raison. « Celui-là justifie l'Athée, & soutient (b)
» que rien n'empêche que l'Athée croie » aussi fermement, en vertu de ses Sophis-
» mes qu'il n'y a point de Dieu, que » le Théiste croit son Existence en vertu
» des démonstrations qu'il en a. «

Tout cela & bien d'autres choses font tort à la Philosophie, & c'est de quoi se plaignent ceux, qui s'intéressent à sa gloire. Il est fort à craindre qu'on ne prenne tous les Déistes pour des Athées déguisés ; or le nom d'Athée fait encore horreur.

Un plus grand tort encore, que tou-
tes ces propositions indiscrètes font à la Philosophie, c'est de persuader que nos principes ne peuvent subsister avec l'Exis-

(a) Penf. Philof. n°. 25.
(b) Encycl. au mot *Athée*.

tence de Dieu, & qu'ils nous conduifent comme néceffairement à la nier. Si le monde, dit-on, eft éternel ; fi la matière eft un être néceffaire & capable de penfer ; fi l'ame eft mortelle ; fi les idées de la vertu, & du vice font des inventions humaines ; fi l'intérêt eft la feule régle de nos actions ; fi l'honnête & l'utile font la même chofe ; fi une ame mortelle n'a point de devoirs ; fi la Probité n'eft que l'habitude des actions utiles ; s'il n'y a pas d'autre vie après celle-ci, ni de récompenfes pour les bons, & de punitions pour les méchans ; que faire de Dieu ? quel caractère lui donner ? quel pouvoir lui attribuer ? quelle occupation lui accorder dans le gouvernement du monde ? Le Phyfique va fans doute fans lui, dans le moral on s'en paffe ; qu'en faire donc ?

Tout cela n'eft pas fans doute embarraffant pour nos Sages. Mais je voudrois, qu'au lieu de répandre des doutes fur l'Exiftence de Dieu, ils prouvaffent au contraire, que leurs principes les plus étonnans aux yeux du vulgaire, peuvent fort bien fubfifter avec la créance d'un Être fuprême, Tout-puiffant, fouverainement parfait, l'Auteur de toute lumière & de toute raison, le moteur, le principe, la fin de tout ce qui exiſte, &c. &c. &c. &c.

Ce que c'eſt que Dieu n'eſt pas une queſtion auſſi aiſée à réſoudre pour des Philoſophes, que celle de ſon Exiſtence. La réponſe dépend des idées qu'on s'eſt formées ſur l'immortalité de l'Ame, ſur les notions du bien & du mal, ſur le principe & ſur le nombre de nos devoirs, &c. &c. Selon ſa façon de penſer ſur ces articles importans, on donne ou l'on ôte à Dieu telle ou telle perfection.

Si jamais nous dreſſons les articles de notre créance, je prévois qu'aucun article ne donnera autant de peine à rédiger que celui-ci, du moins ſi l'on veut le dreſſer de manière à ſatisfaire tout le monde & à l'adapter à tous les ſyſtêmes. Ce ſeul point me fait déſeſpérer que nous ayons jamais un corps de Doctrine. Le *Catéchiſme de Probité* coutera moins à arranger. Nous convenons aſſés & nous ſommes aſſés d'accord ſur la Morale, mais pour le Dogme nous ſommes furieuſement diviſés,

DIVORCE. Les Philoſophes ont penſé à tout ce qui concerne les mœurs & le gouvernement ; & quand un Législateur, qui aura l'autorité en main, voudra faire une refonte générale dans les Loix & dans les Usages, il trouvera les matériaux tout prêts dans ce Dictionnaire, qui est l'élixir des pensées de nos Sages.

Il trouvera, dans cet article, des principes sur la nécessité de permettre le divorce. Elle est fondée sur ce que (*a*) » l'in-
„ dissolubilité absoluë du mariage, dont
„ on fait, dans quelques cantons de la
„ terre, une maxime de conscience, loin
„ d'attacher les Époux à leurs devoirs ré-
„ ciproques, contribuë, peut-être plus
„ que toute autre cause, à leurs infidé-
„ lités. (*b*) Ce seroit même vouloir abro-
„ ger cette loi, que de l'étendre à des
„ cas où elle est impraticable : or il peut
„ arriver, & il arrive en effet, que l'in-
„ compatibilité des humeurs rend la con-
„ corde impossible entre deux Époux. «

Pour moi, s'il faut dire mon sentiment, je ne pense pas que la permission du divorce soit fort nécessaire. D'abord, excepté chez le peuple, on fait assés s'arranger, sans en venir à un éclat, & quand un Mari & une Femme ne s'ai-

(*a*) Mœurs, p. 346.
(*b*) Ibid. p. 344.

ment point, ils favent, fans fe féparer tout-à-fait, vivre de bonne amitié, fans fe gêner l'un l'autre, & avec la politeffe qu'ils fe devroient s'ils avoient toujours été étrangers l'un pour l'autre. Et fi ces maximes de conduite, tout-à-fait édifiantes, gagnent toujours plus de terrein ; fi la pratique s'en répand de proche en proche, c'eft fans contredit aux progrès de la Philofophie qu'on en eft redevable.

Pour le peuple, il faut attendre que le *Catéchifme de Probité* paroiffe. Alors, quand on aura bien inculqué aux efprits les plus groffiers le grand principe des mœurs, que *quiconque eft capable d'aimer, eft vertueux*, le mari & la femme, bien loin de fe tourmenter l'un l'autre, travailleront à acquérir de la vertu ; & quand ils ne pourront l'acquérir enfemble (ne s'aimant plus), ils chercheront chacun de leur côté un maître, ou une maîtreffe capable de leur donner de bonnes leçons de vertu. Alors, les idées du peuple même étant entièrement changées, les infidélités de fa femme, ne feront plus le déshonneur d'un mari : elles feront même fa gloire. Il aura l'honneur d'avoir époufé une femme, qui travaille de toutes ſes forces à devenir vertueuſe.

On voit bien qu'alors la loi du divorce eſt peu néceſſaire ; & que pouvant d'ailleurs avoir des inconvéniens, il eſt inutile de s'y expoſer en l'établiſſant. Voy. *Adultère, Amour, Concubinage.*

DOULEUR. Elle partage avec le plaiſir l'empire de l'univers moral. (*a*) C'en ſont-là les deux ſeuls moteurs. Principe d'un grand uſage, & qui tient à tout dans la conduite. Car de-là il ſuit évidemment que (*b*) » tout ſentiment qui » naît en nous de la crainte des ſouf- » frances, ou de l'amour du plaiſir, eſt » *légitime*, & conforme à notre inſtinct.« Pour le détail des conſéquences, c'eſt l'affaire de chaque particulier : mais ſi quelqu'un en tire de trop fortes, les Philoſophes ne prétendent pas en répondre.

DOUTE. Le doute eſt le flambeau du Philoſophe : ſouvent même il lui tient lieu de preuves : mais il y a des doutes ſi *lumineux* ; il y en a ſur-tout de ſi uti-

(*a*) L'Eſprit, p. 230.
(*b*) Mœurs, p. 82.

les pour ce monde, que quand on ne
peut parvenir au-delà, on eſt auſſi tran-
quille ſur ce qui pourra arriver après la
mort, que ſi on étoit appuyé de cent démonſtrations.

Bien plus, quoiqu'on ne faſſe que douter, on ne laiſſe pas d'être en droit de
ſe moquer dè ceux qui ne doutent pas
& de leur inſulter. Le Pyrrhoniſme donne de grands priviléges. Il diſpenſe de
donner des preuves & de répandre des lumières. On en eſt quitte pour dire *comment
ceci, pourquoi cela ?* C'eſt aux Croyans à
prouver, à démontrer, le Pyrrhonien ſe
contente de douter, d'objeéter. Il attaque
toujours, il ne répond jamais.

Le chemin du *doute* eſt pourtant un
terrein gliſſant. Il y a plus de bonheur
que d'habileté à ſavoir ſe retenir, & à
n'aller que juſqu'où l'on veut. Il arrive
bien ſouvent qu'on ne ſait où l'on en eſt,
ni d'où l'on eſt parti, ni comment s'en
tirer. Il faut s'écrier alors, ô Homme !
que tes lumières ſont courtes ! tu ſens
que tu es né pour la liberté, & tu as
pourtant beſoin d'un guide : comment
concilier tes contradiétions.

E

ÉLOQUENCE. On doit à notre fiécle Philofophe l'avantage de voir l'Éloquence réconciliée avec la Sageffe. Dans les tems de Barbarie, qui nous ont précédé, ceux, qui portoient le nom de *Philofophes*, n'étoient que de vrais pédans, froids differtateurs, difcoureurs pefans, qui débitoient des inepties dans un langage barbare. Nos Sages ont trouvé la vraie Éloquence des chofes, & ont embelli l'Éloquence du ftile. Qui l'eût cru, que la Vérité, qui s'étoit toujours exprimée didactiquement & pefamment, dût infpirer plus d'enthoufiafme, que les paffions les plus ardentes ? Où voit-on plus de chaleur, plus de traits de lumière, plus de grands coups frappés, plus d'expreffions furprenantes, plus de vrai fublime, que dans les écrits de nos Philofophes modernes.

Ô vous, qui voulez-vous former à la vraie Éloquence, ne recourez pas aux Grecs & aux Romains ; laiffez-là les prétendus Grands-hommes du fiécle de Louis le Grand ; mais feuilletez nuit & jour les ouvrages des Sages de ce fiécle. *Nocturnâ verfate manu, verfate diurnâ.*

J'ai long-tems balancé pour décider, fi je ferois connoître à tout le monde la clef de cette Éloquence de ftile qui paroit fi fingulière. Rien de fi fimple & de fi aifé à faifir : mais la fimplicité a toujours caractérifé les plus belles découvertes. Si les efprits les plus médiocres peuvent s'élever par-là à la plus haute réputation, tant mieux. La Philofophie ne fauroit avoir trop de Grands Hommes fous fes drapeaux. Voici donc tout l'art de cette Éloquence fingulière.

Elle confifte, pour le fonds, à ne dire que des chofes neuves, furprenantes, inouies, ou du moins des chofes oubliées & renouvellées des anciens tems, ce qui eft plus aifé ; car pour du neuf, véritablement neuf, il eft difficile d'en trouver ; & fans vouloir bleffer la réputation de perfonne, ni diminuer leur gloire, je pourrois faire un ouvrage, qui prouvât que les chofes le plus fublimement étranges, qui nous frappent, font un réchauffé des anciens tems.

Pour le ftile, le tout confifte à combiner heureufement un certain nombre de mots fonores, intéreffans, qui tous préfentent les chofes en grand & fous des vuës générales. Le nombre de ces mots eft fort petit, & vous les trouverez prefque tous, quant aux fubftantifs, dans ce Dictionnaire. Pour les adjectifs, qui expriment les qualités des chofes, & qui font fouvent le plus bel effet, parce qu'ils donnent au difcours un air *penfé*, j'en citerai ici quelques-uns, les autres vous les aurez bientôt appris. Le Dictionnaire du Philofophe eft fort court, parce qu'il ne renferme que des penfées.

Ces mots font, pour les fubftantifs, *Humanité, Société, Efprit; Univers, Fanatifme, Superftition, Nature, Être fuprême, Préjugés, Sentiment, Vertu, Senfation, Mœurs, Tolérance, Intérêt, Bonheur, Barbarie, Bien, Évidence, Devoir, Plaifirs, Paffions, Oracle, Organe, Liberté, Penfée, Hauteur, Profondeur*, &c. &c. &c. qui combinés avec les adjectifs *Sublime, Délicieux, Lumineux, Doux, Fidéle, Syftématique, Frappant, Tranfcendant, Immenfe, Animé, Éclairé, Courageux, Curieux, Intéreffant, Immortel, Hardi*, &c. &c. font un effet merveilleux, puifqu'ils éblouiffent & entrainent, fans donner le tems, ni

laiffer la liberté d'examiner la folidité &
la vérité des penfées.

Si tu peux, ô Homme, enchaffer ha-
bilement dans tes périodes, au milieu
des exclamations pompeufes & des vives
apoftrophes, quelque chofe de femblable, à *Centres de lumière, Centres de ténébres ; Spectacles des penfées ; Arpens
d'une nuit immenfe ; Dépofés dans l'a-
bîme de l'oubli ; Surnageant fur la vafte
étenduë des fiècles ; Élans du génie ;
Sources de fageffe ouvertes ; Reftaurateurs
de la raifon ; Bienfacteurs de l'humanité,
Senfibilité fourde ; Inquiétude automate ;
Étenduë de la fottife humaine ; Sphère
d'idées ; Sceptre d'ignorance ; Talifman
d'imbécillité ; Entendement appliqué à l'entendement ; Vulgaire imbécille ; Innocent
artifice ; Obfcurité volontaire ; Étonnement
des fiècles,* &c. &c. &c.

Si, dis-je, tu peux t'élever à cette hauteur d'expreffions, l'Immortalité t'eft af-
furée. Tu as dans ce feul article toute
la Grammaire & toute la Rhétorique
des Philofophes. Tout y eft réduit à un
feul principe, mais principe fécond, d'où
découlent les plus grandes beautés.

ENNUI. Un Philofophe illuftre, exa-
minant

minant les caufes du peu de progrès des
animaux dans les Arts & dans les Sciences , a trouvé que la principale étoit , par
rapport aux finges fur-tout, que » (*a*)
» la difpofition de leur corps, les tenant,
» comme les Enfans , dans un mouve-
» ment perpétuel , ils ne font pas fufcep-
» tibles de l'*Ennui* , qu'on doit regar-
» der comme un des principes de la per-
» fectibilité de l'Efprit humain.

Voilà fans doute une importante découverte, qui prouve qu'il eft très-pof-
fible que les animaux deviennent un
jour auffi favans , & peut-être plus Philofophes que nous ; car qui pourroit affurer que jamais ils ne s'ennuyeront ?
Peut-être la révolution eft-elle plus pro-
chaine qn'on ne penfe. Du moins ai-je
déja remarqué des chiens & des chats ,
qui avoient tout l'air de s'ennuyer ; &
s'il faut en juger par les régles infail-
libles de l'analogie , je puis affurer , qu'ils
s'ennuyoient parfaitement, car ils ref-
fembloient au mieux aux hommes qui
s'ennuyent.

On pourroit demander, pourquoi l'*Ennui* étant fi commun dans le monde ,
l'Eprit eft fi peu perfectionné , dans

(*a*) L'Efprit, p. 3.

F

les conditions fur-tout où l'on s'ennuye le plus. C'eſt ſans doute, parce qu'avant cette découverte, qui eſt toute récente, on ne le doutoit pas même de l'influence de *l'Ennui* ſur la perfectibilité de l'Eſprit humain. Dès qu'on le ſaura, on tirera parti d'un état, qui eſt en lui-même fort déſagréable, & bien loin de fuir *l'Ennui*, on le recherchera.

Esprit. Si la matière peut penſer, il eſt fort douteux qu'il y ait des Eſprits dans le monde. Car nous ne connoiſſons l'Eſprit que par la Religion ou par le ſentiment. La Religion, nous ſommes convenus qu'elle ne ſeroit pas même conſultée. Le ſentiment nous avertit que nous penſons, & nous fait comprendre, que ceux, qui nous communiquent des penſées, ſemblables aux nôtres, penſent auſſi. Mais ſi la penſée peut être l'attribut de la matière, il peut donc ſe faire que nous penſions, & que nous ne ſoyons pas des *Eſprits*. Voilà donc les titres de *Beaux Eſprits*, de *Grands Eſprits*, d'*Eſprits Forts*, qu'il faudra ſupprimer ; que ferons-nous donc ? *des Êtres Penſans*. Auſſi je vois que ce mot prend faveur. Il eſt vrai qu'on le reſtreint aux ſeuls

Sages , qui ofent penfer. Car les autres ne penfent pas , ils répètent les penfées d'autrui.

Il paroit à bien des gens impoffible & contradictoire, que la penfée qui eft évidemment une , fimple , indivifible , inétenduë , foit ou puiffe être une modification d'une fubftance étenduë & divifible telle qu'eft la matière. Ils croient avoir là-deffus ville gagnée. Mais ils ne favent pas que » (*a*) *le principe de contradiction n'eft pas certain ;* & que prouver que deux chofes font contradictoires & incompatibles, ce h'eft pas prouver qu'elles ne peuvent être enfemble ; ils ne favent pas, que fi autrefois le blanc & le noir, le *pour* & le *contre* ne pouvoient être vrais en même-tems , nous avons changé tout cela. Ainfi cette difficulté, qui étoit l'épouventail des Philofophes anciens, ne nous épouvante plus. Et c'eft ainfi que la Philofophie dégage tous les jours la raifon des liens qu'elle s'étoit formés à elle-même. Qui pourroit alors nous arrêter dans nos recherches : & doit-on être étonné après cela des découvertes fingulières que nos Sages font tous les jours. Voy. *Immortalité.*

(*a*) Pyrrhon. du Sage, §. 110.

(*a*) L'*Esprit Philosophique* , a dit un
de nos Sages , eſt le grand Pacificateur
des États ; & la preuve en eſt claire. Le
Philoſophe enſeigne 1°. que (*b*) les
gouvernemens de quelque eſpèce qu'ils
ſoient, ſont légitimes auſſi long-tems que
par l'intention du Souverain , ils tendent au bonheur des peuples. Mais
qu'ils (*c*) peuvent ſe diſſoudre quand
les Puiſſances légiſlative ou exécutrice
agiſſent par la force , au-delà de l'autorité qui leur a été commiſe , & d'une
manière oppoſée à la confiance qu'on a
priſe en elles. 2°. Que (*d*) le Prince
tient de ſes Sujets même l'autorité qu'il
a ſur eux. 3°. Que (*e*) la ſenſibilité phy-
ſique & l'intérêt perſonnel ſont les Auteurs de toute juſtice. 4°. Que (*f*) la
Probité n'eſt que l'habitude des choſes
utiles. 5°. Que le crime le plus affreux
devient louable & néceſſaire , quand le
beſoin du meilleur nous y oblige , &c.

Or il eſt clair que ces belles maximes ,
& pluſieurs autres plus belles encore ſont

(*a*) Encyclop. au mot *Fanatiſme.*
(*b*) Encycl. au mot *Gouvernement.*
(*c*) Ibid.
(*d*) Encycl. au mot *Autorité.*
(*e*) L'Eſprit , p. 90.
(*f*) Ibid. p. 73.

très-capables de faire le bonheur des Etats, & d'en maintenir la tranquillité.

ÊTRE. J'aime bien qu'en parlant de Dieu, on dise l'*Être Suprême*. Je voudrois même qu'on ne se servît jamais d'une autre expression. D'abord il est contre la décence, qu'un Philosophe parle comme le peuple, & se serve d'expressions bourgeoises & surannées. Mais il est encore une meilleure raison. C'est que les Sages ne conviennent pas entr'eux sur l'idée attachée à ce mot *Dieu*. Les uns y font entrer plus ou moins d'idées que les autres. Les uns tiennent que Dieu a créé le monde, & d'autres soutiennent qu'il n'a pû même le créer. Ceux-ci le croient libre, ceux-là prétendent qu'il est nécessité au plus parfait. Il en est qui admettent une Providence, d'autres croient que Dieu ne s'embarrasse guères de nous. Mais quand on aura dépouillé Dieu de toutes ces perfections, il sera toujours l'*Être Suprême*, & cette idée de Dieu sera toujours commune à tous les Philosophes, au moins à ceux qui croient à son Existence.

ÉVIDENCE. On avoit toujours cru que

l'Évidence étoit le signe certain & infail-
lible de la vérité. Vieille Philosophie !
Il est venu un Sage qui a dit ; » (*a*)
» l'Évidence est de toutes les démonstra-
» tions celle qu'on recherche le plus ,
» & elle est la plus foible, lorsqu'on
» n'est pas prévenu. « S'attendoit-on à
cette découverte , & n'a-t-elle pas dequoi étonner les (*b*) *Investigateurs* les
plus hardis. Qu'on dise après cela que
nos Sages ne sont pas des Génies Créateurs , & des Êtres Pensans.

Or voilà donc le fondement de toute
certitude & de toute vérité , renversé de
fond en comble ; car d'un côté comment
s'assurer, qu'on n'est pas prévenu, &
de l'autre quelle démonstration sera assés
forte pour nous persuader, si l'Évidence est
la plus foible de toutes. Tout me fait comprendre qu'il n'y aura bientôt plus qu'une
secte de Philosophes , & que le Scepti-
cisme envahira tout. Les Anglois ont
fini par penser chacun à sa mode ; autant de têtes, autant d'opinions. Nous
finirons peut-être par penser tous de la
même façon, en doutant de tout, & ne
croyant rien ; pas même les vérités découvertes par nos Sages.

(*a*) Pyrrhon. du Sage, 5. 24.
(*b*) C'est moi qui ai fait ce mot.

F

FANATISME, FANATIQUES. Termes odieux à ceux même, à qui nous les appliquons, & dont l'heureuse application a contribué merveilleusement aux progrès de la Philosophie, en ôtant tout crédit à ses adversaires autrefois si redoutables.

Le *Fanatisme* est l'abus de la Religion. Si la Religion étoit quelque chose de bon, elle n'en seroit pas moins bonne, parce qu'on en auroit abusé. Si même elle étoit aussi respectable, que le prétendent ses partisans, il faudroit avoir autant d'horreur pour ceux qui affectent de la confondre avec le Fanatisme, que pour les Fanatiques même les plus impies, qui l'ont fait servir aux plus damnables projets; il faudroit avoir pour elle les sentimens qu'on a pour un homme juste, dont un scélérat a emprunté l'habit & le nom, & qui par cette supercherie se voit couvert d'un opprobre qu'il n'a pas mérité. Mais les Philosophes de ce siécle n'avoueront pas aisément, que la Re-

ligion foit bonne en elle-même, dépouil-
lée même de fes abus, & on fait affés
les raifons qu'ils ont pour ne pas l'avouer.

Ainfi gardons-nous bien d'ôter au *Fa-*
natifme le mafque fous lequel il s'eft ca-
ché. Peignons-le toujours des plus hor-
ribles couleurs. On fait affés à préfent
ce que cela veut dire ; on eft au fait,
& nous n'avons pas befoin de parler plus
clairement pour nous faire entendre.

Répétons fouvent ce qu'a dit un des
Sages. que (*a*) » le Fanatifme a fait
» beaucoup plus de mal que l'impiété ;
» & que tous ceux qui s'occupent à le
» détruire, de quelque nom odieux
» qu'on les appelle, font les vrais ci-
» toyens, qui travaillent pour les inté-
» rêts du Prince & la tranquilité du
» peuple. «

Sous ce nom de *Fanatifme* que ne pou-
vons-nous pas dire des adverfaires de la
Philofophie. Quelque fortes que foient
les couleurs dont nous les noircirons, ils
en conviendront avec nous ; mais ils auront beau rejetter l'application qu'on en
fait à eux, & fe récrier contre l'injuftice, qui rend la Religion refponfable
des horreurs qu'elle condamne, d'autres

(*a*) Encyclop. au mot *Fanatifme.*

& en grand nombre ne laifferont pas de faire cette application, & fe chargeront fans fcrupule de cette injuftice. Que fi l'on demande où eft la bonne-foi, où eft la Probité ? Nous n'aurons pas recours à l'ancienne maxime : *dolus an virtus, quis in hofte requirat ;* mais nous dirons que notre maxime à nous, c'eft que *la Probité eft l'habitude des actions utiles.*

FEMMES. Les Sages de l'antiquité étoient de mauffades Pédans ; les Philofophes du moyen âge étoient des Docteurs gothiques & des Scolaftiques barbares : mais les Sages & les Philofophes de ce fiécle poli & éclairé font la galanterie même. Que ne leur doivent pas les Femmes, cette précieufe moitié de l'humanité ? Un Sage, d'un trait de plume, a plus contribué à établir leur empire fur des fondemens durables, que les folies fublimes des Poëtes, & les douceurs fades des Romanciers. Nous avons plus fait que d'établir leur empire ; nous l'avons juftifié & rendu refpectable à la Sageffe la plus auftère. Car, fi *celui qui fait aimer eft vertueux,* quel droit n'ont pas à nos hommages celles qui font aimer ? Ce feul axiome juftifie ces noms de *Déeffes* & de *Divinités* qu'on leur prodiguoit ci-devant, fans trop favoir pourquoi, & que bien des gens trouvoient affés ridicules. Quoi de plus divin en effet, que ce qui infpire la vertu & fi efficacement, & fi agréablement ? Il eft vrai que nous rendons aux Femmes le même fervice. Auffi rien ne les empêchera plus de nous appeller leur *Idole.*

FORMATION DES ÊTRES. Terme qu'il faudroit fubftituer à celui de *Création*, que plufieurs Philofophes ne peuvent goûter, croyant cette Création impoffible. Le langage feroit plus uniforme & il n'y auroit plus d'équivoque.

L'*Interprête de la Nature* rapporte fur la Formation des Êtres un fyftême qui paroitra fublime & fatisfaifant à ceux qui pourront le comprendre. C'eft celui du Docteur *Baumann*, » (a) dont les » fublimes idées peuvent jetter des lu- » mières dans les profondeurs de la na- » ture. « S'il eft inintelligible, il a cela de commun avec beaucoup de fyftêmes fort eftimés, & le Lecteur doit, s'il ne le comprend pas, croire que c'eft fa faute.

(a) Interpr. de la Nat. p. 151.

Ce fyftême confifte (*a*) à attribuer à l'Être corporel le *Défir* , l'*Averfion* , la *Mémoire* & l'*Intelligence*. En un mot toutes les qualités que nous reconnoiffons dans les animaux, il faut les reconnoître, proportion gardée des formes & des maffes, dans la particule la plus petite de la matière, comme dans le plus gros animal.

Or (*b*) » chaque partie élémentaire, en s'accumulant & en fe combinant, ne perdra pas ce petit degré de *Sentiment* & de *Perception* : ces qualités lui font effentielles. Mais de ces *perceptions* raffemblées & combinées, il en réfultera une *perception* unique, proportionnée à la maffe & à la difpofition ; & ce fyftême de *perceptions*, dans lequel chaque élément aura perdu la *mémoire de foi*, & concourra à former la confcience du tout, fera l'ame de l'animal. « Et voilà juftement comment, dans le régne animal, fe fait la formation des Êtres.

Nous avouons nous-mêmes, que (*c*) » ce fyftême ébranleroit l'Exiftence de » Dieu . . . Car en vertu de la copu-

(*a*) Ibid. p. 140.
(*b*) Ibid. p. 146 & 147.
(*c*) Ibid. p. 150 & 151.

lation univerfelle de toutes les molécules fenfibles & penfantes,... le monde, femblable à un grand animal, auroit une ame ; & le monde pouvant
être infini, cette ame du monde pourroit être un *fyftême infini de perceptions*,
& le monde pourroit être Dieu.

Cependant ce qui prouve, comme je
l'ai dit (articles *Conféquent* & *Contradiction*) qu'on peut être grand Philofophe & n'être pas conféquent, tomber
dans des contradictions, & pourtant ne
jamais trahir la vérité, un Sage nous
affure (*a*) qu' » en lifant l'ouvrage de
» ce Docteur, on apprend à concilier les
» idées philofophiques les plus hardies,
» avec le refpect le plus profond pour la
» Religion. « La chofe paroitra bien difficile, mais de quoi ne viennent pas à
bout de grands génies, éclairés par la
Philofophie.

Ce qui eft encore plus fûr, c'eft que
(*b*) quoique nous n'admettions pas les
idées du Docteur, nous aurions bien mal
conçû le mérite des conjectures nouvelles fur un fujet, dont fe font occupés
les premiers hommes dans tous les fiécles,

(*a*) Ibid. p. 142.
(*b*) Ibid. p. 154 & 155.

& la difficulté de combattre les siennes
avec succès, si nous ne les regardions
pas comme le fruit d'une méditation pro-
fonde , comme une entreprise hardie sur
le système universel de la nature, &
comme *la tentative d'un grand Philosophe.*

Les grands systêmes ne se sont pas
perfectionnés tout d'un coup & ne sont
jamais sortis qu'ébauchés des mains de
leurs Auteurs. L'Interprête éclairé de la
nature, à qui il semble qu'elle a dit son
secret, propose des corrections à faire
dans le systême du Docteur *Baumann ,*
mais de manière à faire juger qu'il est
né pour créer lui-même, & non pour
raccommoder les créations d'autrui.

» Ce Docteur, dit-il, (*a*) au lieu d'attribuer aux molécules organiques le dé-
sir , l'aversion , le sentiment & la pensée , devoit se contenter d'y supposer
une *Sensibilité* mille fois moindre que celle
que le Tout-puissant a accordée aux animaux les plus stupides & les plus voisins
de la matière morte. En conséquence de
cette *Sensibilité sourde* & de la différence
des configurations, il n'y auroit eu pour
une molécule organique quelconque qu'u-
ne situation la plus commode de toutes,

(*a*) Ibid. p. 156.

qu'elle auroit fans ceffe cherchée par un *Inquiétude automate*, comme il arrive aux animaux de s'agiter pendant le fommeil, jufqu'à ce qu'ils ayent trouvé la difpofition la plus convenable au repos. «

De plus ce Philofophe nous affure (& nous pouvons l'en croire) que » (*a*) ce feul principe fatisferoit d'une manière affés fimple, & (ce qui eft bien plus à remarquer) *fans aucune conféquence dangereufe*, aux Phénomenes, que le Docteur *Baumann* fe propofoit d'expliquer, & à ces merveilles fans nombre, qui tiennent fi *Stupéfaits* nos obfervateurs d'infectes. «

Jeune homme, fi tu trouves plus fatisfaifant ce que la Religion t'enfeigne fur l'origine des êtres, & fi un Dieu Créateur, qui a donné l'être & toutes les manières d'être à tout ce qui exifte, te paroit une idée plus fimple, plus noble, plus claire, plus raifonnable ; fi tu étois tenté de traiter ces belles tentatives de deux Grands Philofophes de réveries pitoyables, fonge que tu ne dois pas juger avec tant de précipitation les Reftaurateurs de la raifon & les Biénfacteurs de l'humanité, & que ce n'eft que quand il s'agit de la Religion, qu'il eft honteux de croire ce qu'on ne comprend pas.

(*a*) Ibid. 156 & 157.

G

GALIMATHIAS. Ceux, qui appellent de ce nom les écrits de plûsieurs de nos Sages, ne savent pas distinguer entre Galimathias & chose profondément pensée. La plûpart de nos Sages sont ce qu'on peut appeller de Grands Génies. Or l'on sait assés que c'est le propos des Hommes de génie, de dédaigner trop souvent de s'abaisser à la portée du vulgaire ; d'exprimer les choses, comme ils les conçoivent ; de peindre d'un seul mot une foule de choses ; & sur-tout de franchir de grands intervalles dans leur marche, & de passer d'une grande idée à une grande idée, sans traverser les notions intermédiaires. Faute de pouvoir y suppléer, le vulgaire n'y voit qu'un amas de termes inintelligibles ; & il appelle cela du *Galimathias :* à la bonne-heure, pourvû qu'il convienne que c'est souvent un *Sublime Galimathias.*

GOUVERNEMENT. Nos Philosophes ont si fort à cœur cet article, que contre

leur ordinaire ils ont paru refpecter l'autorité de la Religion , & ont bien voulu perdre leur tems à expliquer fes Écritures. Elles enfeignent , que toute puiffance vient de Dieu, & que celui, qui réfifte à la puiffance , réfifte à l'ordre de Dieu. *Non eft poteftas nifi à Deo : quæ autem funt à Deo ordinata funt : itaque qui refiftit poteftati , Dei ordinationi refiftit.* Toute la difficulté eft dans ces mots : *Quæ autem funt à Deo ordinata funt.* Or nous accommodons cette maxime avec nos principes, en difant : (*a*) » Que toute puiffance qui vient
» de Dieu eft une *puiffance réglée.* Car
» c'eft ainfi qu'il faut entendre les pa-
» roles du texte, conformément à la
» droite raifon , & au fens littéral ; &
» non conformément à l'interprétation
» de la baffeffe & de la flatterie, qui
» prétendent, que toute Puiffance, quelle
» qu'elle foit, vient de Dieu. «
Nos idées font plus faines que cela. Nous foutenons que (*b*) » les gouver-
» nemens, *de quelque efpéce qu'ils foient,*
» font légitimes auffi long-tems que ,
» par l'intention du Souverain, ils ten-

(*a*) Encyclop. au mot *Autorité.*
(*b*) Ibid. au mot *Gouvernement.*

» dent

» dent au bonheur des peuples. « D'où
» il fuit évidemment que (a) » ils peu-
» vent fe diffoudre, quand les Puiffances
» légiflative ou exécutrice agiffent par
» la force, au de-là de l'autorité, qui
» leur a été commife, & d'une manière
» oppofée à la confiance qu'on a prife
» en elles. «

Ce fyftême eft fort fimple, étant ap-
plicable à toutes les efpèces de gouvernemens, foit monarchiques, foit arifto-
cratiques, foit démocratiques, foit mê-
lés. L'Autorité appartient toujours à la
nation: Ceux à qui on la confie, ne
l'ont qu'en dépôt. (b) Les conditions
de ce pacte font différentes dans les différens États : mais par-tout la nation eft
en droit de maintenir *envers & contre tous*
le contrat qu'elle a fait.

Ces principes, il eft vrai, pouffés jufqu'à leurs dernières conféquences, pourroient ébranler tous les trônes de l'Europe, & armer contre les Souverains le
mécontentement des peuples. Mais cela
n'empêche pas que l'*Efprit Philofophique*,
qui les a produit, ne foit le *Pacificateur
des Empires*, comme l'a dit un de nos Sages.

(a) Ibid.
(b) Encyclop. *Autorité*.

G

H

HOMME. La connoissance de l'Homme est la fin de tous les travaux du Philosophe. C'est à elle qu'il dirige toutes ses études, & qu'il rapporte toutes ses découvertes. Peu lui importeroit d'avoir deviné, à force de réflexions & d'observations, que les Animaux connois-sent les cinquante-six vérités ; qu'ils ιτ des axiomes ; qu'il ne manque à leurs maximes que d'être réduites en proposi-tions ; que s'ils avoient des mains, & qu'ils pussent s'ennuyer, ils philosopheroient tout comme nous ; &c. &c. &c. Tout cela, dis-je, nous importeroit fort peu, si la ressemblance devenant par-là à peu près égale entre les Animaux & nous ; & tout le monde (même les Croyans) convenant que leur ame meurt avec eux, nous espérions que, comme la leur, notre ame ne survivra pas à la destruc-tion de notre machine. Et toutes les bel-les découvertes, qu'on a faites dans l'uni-vers moral, dequoi serviront-elles, si l'on est encore incertain de l'origine de l'Hom-me & de sa destination.

Or il faut avouer que c'eſt l'article de toute la Philoſophie, ſur lequel on eſt le moins avancé, quoiqu'il ſoit le plus important. La Religion nous préſente ſur l'Homme un ſyſtême ſuivi, ſoutenu, clair & ſenſible : mais il a une queuë, qui ne ſauroit plaire, & nous paſſerions à la Religion ſes enſeignemens les plus myſtérieux, plutôt que celui-là.

Travaillez donc jour & nuit, ô Sages, à la réſolution de ce grand Probléme, qui vous occupera peut-être pluſieurs ſiécles. Heureux ceux qui naîtront, quand cette ſolution ſera complette, quel ſera leur bonheur ! Car enfin, il eſt aſſés triſte de n'être parvenu encore qu'à deviner ſur une matière ſi importante ; & ſi l'on ne s'étoit muni de bonne-heure contre certaines craintes, on ne ſait quelquefois ce qui en arriveroit.

ORIGINE DE L'HOMME. Il faut la cher-cher dans celle de l'animalité. L'Homme & le Sage même eſt un animal. Or (a) » le Philoſophe abandonné à ſes con- » jectures ne pourroit-il pas *Soupçonner* » que l'animalité avoit de toute éternité » ſes élémens épars çà & là ; & con-

(a) Interpr. de la Nature, p. 191 & 192.

G 2

» fondus dans la matière ; qu'il eſt arri-
» vé à ces élémens de ſe réunir , parce
» qu'il étoit poſſible que cela ſe fit ; que
» l'Embryon formé de ſes élémens a
» paſſé par une infinité d'organiſations
» & de développemens ; qu'il a eû par
» ſucceſſion, du mouvement , de la ſen-
» ſation , des idées , de la penſée , de
» la réflexion , de la conſcience , des
» ſentimens , des paſſions , des ſignes ,
» des geſtes , des ſons , des ſons articulés,
» une langue , des loix , des ſciences &
» des arts.

Les derniers articles ſont aſſés bien
nuancés ; qui a des ſons articulés peut ai-
ſément avoir une langue, & qui a une
langue peut avoir des Loix & des Arts.
Mais les premières couleurs ſont trop
tranchantes , & le ſaut du mouvement
à la ſenſation eſt un peu violent. Il faut
eſpérer , qu'on trouvera les notions intermédiaires , qui lieront toutes les parties. Ce n'eſt ici qu'une mappemonde
où l'on a marqué de gros en gros les
lieux principaux. Quelque jour, flattons-
nous-en , nous aurons des cartes où tout
ſera marqué, juſqu'aux plus petits Vil-
lages.

Si vous-voulez une autre conjecture ,

le même Sage vous dira qu' (*a*) » on
» croiroit volontiers, qu'il n'y a jamais
» eu qu'un premier animal, prototype
» de tous les animaux, dont la nature
» n'a fait qu'allonger, racourcir, trans-
» former, multiplier, oblitérer certains
» organes. « Mais il vous laisse à deviner quelle est cette nature si agissante ;
si c'est le hazard, ou un être intelligent.
Quoiqu'il en soit (*b*) » imaginez les
» doigts de la main réunis, & la ma-
» tière des ongles si abondante, que,
» venant à s'étendre & à se gonfler,
» elle enveloppe & couvre le tout ; au
« lieu de la main d'un homme, vous
» aurez le pied d'un cheval. « Or Vous
pouvez voir à l'article *Animal* que c'est
en cela que consiste toute la différence
qui se trouve entre les Hommes & les
Bêtes, quant aux progrès dans les Sciences & dans les Arts.

Vous pouvez enfin penser avec un autre Philosophe que (*c*) » les Animaux
» formés d'un germe éternel, quel qu'il
» ait été, à force de se mêler entr'eux,
» ont produit ce beau monstre qu'on

(*a*) Ibid. p. 33 & 34.
(*b*) Ibid.
(*c*) *Systême d'Epicure* par La Métrie.

G 3

» appelle *Homme*. « A ce compte-là les Animaux feroient nos aînés dans ce monde, & nous leur devrions à ce titre-là quelque forte de refpect. D'ailleurs cette idée, un peu mieux étayée, iroit à expliquer d'une manière plaufible, les diverfes inclinations des Hommes. L'un tiendroit plus de l'Ane, l'autre du Chat, celui-ci du Renard, celui-là du Singe, l'un du Lion, l'autre de la Pie, &c. &c. Les Philofophes tiendroient de tous ceux-là.

ÉTAT PRIMITIF DE L'HOMME. En voici l'Hiftoire, qu'en a fait un Philofophe, Hiftoire la plus ancienne du monde fans contredit, puifqu'elle précéde de plufieurs milliers de fiécles toutes les époques connuës. Que fi vous demandez dans quel livre cet Hiftorien a puifé fes mémoires ; en quelle langue ce livre eft écrit ; & comment ce Philofophe a pû faire pour deviner cette langue, il vous répondra lui-même avec fon emphafe ordinaire. (*a*) » Ô homme, de quel- » que contrée que tu fois, quelles que » foient les opinions, écoute, voici ton » hiftoire, telle que j'ai cru la lire,

(*a*) Difcours fur l'Inégalité des conditions.

» non dans les livres de tes femblables,
» qui font menteurs, mais dans la na-
» ture qui ne ment jamais.

» Les Hommes, dans l'état de la na-
» ture, vivoient comme des Sauvages,
» n'ayant ni domicile fixe, ni aucun be-
» foin l'un de l'autre. Ils fe rencontroient
» à peine deux fois dans la vie, fans fe
» connoître & fans fe parler. Il eft aifé
» de comprendre qu'un pareil commerce
» n'exigeoit pas un langage plus raffiné,
» que celui des Corneilles & des Singes,
» qui s'attroupent à peu-près de même.
» Des cris inarticulés & quelques bruits
» imitatifs dûrent compofer pendant long-
» tems la langue univerfelle.

» Dans cet état l'homme ne s'occu-
» poit de rien. Son ame que rien n'a-
» gitoit, fe livroit au feul fentiment de
» fon exiftence actuelle, fans aucune
» idée de l'avenir, quelque prochain
» qu'il pût être. Ses projets, comme fes
» vuës s'étendoient à peine jufques à la
» fin de la journée.

» Seul, oifif, & toujours dans le dan-
» ger, il aimoit à dormir, & avoit le
» fommeil léger comme les animaux,
» qui penfant peu, dorment, pour ainfi
» dire, tout le tems qu'ils ne penfent

» point. Sa conſervation faiſant ſon uni-
» que ſoin, ſes facultés les plus exer-
» cées devoient être celles, qui ont pour
» objet principal l'attaque & la défenſe,
» ſoit pour ſubjuguer ſa proye, ſoit pour
» ſe garantir d'être celle d'un autre
» animal.

» L'*Homme naturel* n'éprouvoit que les
» paſſions de la nature. Ses déſirs ne paſ-
» ſoient pas ſes beſoins phyſiques. Les
» ſeuls biens qu'il connoiſſoit dans l'uni-
» vers étoient la nourriture, une femelle
» & le repos, les ſeuls maux qu'il crai-
» gnoit étoient la douleur & la faim ;
» pour la mort il ne la connoiſſoit pas.
» La connoiſſance de la mort & de ſes
» terreurs eſt une des premières acquiſi-
» tions que l'homme ait faites, en s'é-
» loignant de la condition *Animale*. «
Les Hommes dans cet état primitif
n'avoient ni Loix ni Mœurs. » Leurs
» unions ſe formoient au hazard, &
» & ils ſe quittoient avec la même fa-
» cilité. La Mère allaitoit d'abord ſes
» Enfans pour ſon propre beſoin ; puis
» l'habitude les lui ayant rendus chers,
» elle les nourriſſoit enſuite pour le leur,
» Si-tôt qu'ils avoient la force de cher-
» cher leur pâture, ils ne tardoient pas

» à quitter la Mère elle-même ; ils en
» étoient bien-tôt au point de ne pas se
» connoître eux mêmes. «

Telle est en abrégé l'Histoire de l'Homme dans l'état de la nature. Quelle est humiliante pour nous, vous écriez-vous, l'histoire de l'Ours & du Taureau seroit-elle différente ? Que nous sommes heureux d'être nés dans un siécle si éloigné de ces commencemens honteux ! Point du tout, vous êtes dans l'erreur, s'écrie notre Philosophe. » Cet état primitif „ de l'Homme, étoit un état heureux & „ *digne de l'Auteur qui lui a donné* „ *l'être* .... Il semble que le genre humain étoit fait pour y rester toujours, „ & que cet état est la véritable jeunesse „ du monde. «

DESTINATION DE L'HOMME. Selon les principes de nos Sages il est destiné à être malheureux. Il n'est point question pour lui, dans notre systême, d'un avenir. Ceux qui en croient un parmi nous, n'ont pas trop pu dire ce que c'est. Il est donc destiné ici-bas à lutter contre la douleur, & à courir après le plaisir, qui sont tout à la fois les seuls Moteurs de ses devoirs & de son bonheur. S'il n'est

pas arrivé dans ce monde par hazard ,
l'Être Suprême, qui l'y a placé, ne fe met
pas beaucoup en peine de lui. Il a des
défirs multipliés & oppofés entr'eux ,
qu'il ne peut fatisfaire tous à la fois.
Quand il fe feroit mis au-deffus des
craintes que la Religion infpire, & qu'il
auroit étouffé tous les remords de la confcience, il y a l'Autorité & les Loix,
dont le régne eft de ce monde , & qu'on
ne méprife pas impunément. Il a une
multitude de rivaux & de concurrens,
qui tous traverfent fes deffeins & s'oppo-
fent à fon bonheur. Ses femblables font
affés barbares, pour ne pas vouloir qu'il
cherche fon plaifir, c'eft-à-dire, qu'il
fuive fon inftinct à leurs dépens; & lui
de fon côté eft affés cruel, pour s'op-
pofer de même au bonheur & à l'inftinct des autres. Il défire, il pourfuit, il
manque fouvent, rarement il pofféde,
il eft malade enfin & il meurt : *c'étoit
bien la peine de naître.*

Que devient-il après la mort ? C'eft
ce qu'on ne fait pas encore. On a trouvé
feulement, qu'il peut alors n'être plus
rien. On travaille depuis long-tems à
changer ce doute en démonftration ; &
ce fera la plus belle découverte qu'on

puiſſe faire ſur la condition de l'Homme. Celle-là ſeule nous tiendra lieu de
toutes les àutres. Voy. *Animaux, Ame,
Immortalité.*

HONNÉTE. La diſtinction de l'Honnête
& de l'Utile étoit autrefois fort embar-
raſſante. La Philoſophie l'a abolie entièrement ; & ſelon nos Principes, l'Honnête & l'Utile ne ſont que la même
choſe. Quel ſervice rendu à la ſociété !
Voy. *Probité, Intérêt.*

HUMANITÉ. Que ce mot eſt beau !
Qu'il eſt ſonore ! Qu'il eſt intéreſſant !
Qu'il fait honneur à la Philoſophie ! Le
Sage ne ſauroit l'avoir trop ſouvent à
la bouche, & au bout de la plume. Un
Philoſophe a imaginé le projet d'un *Catéchiſme de Probité* : mais l'*Humanité* mé-
rite-t-elle moins cet honneur ? Je vais
mettre ici les premières queſtions. Un autre remplira le projet en entier.

D. Qu'eſt-ce que l'Humanité ?

R. C'eſt l'amour des Hommes.

D. Doit-on les aimer tous, juſqu'à ſes
ennemis ?

R. Il n'eſt qu'une Religion auſtère,
qui ait pouſſé juſques-là les obligations
de l'Humanité.

D. Doit-on à ses Parens quelque chose de plus que l'Humanité ?

R. Cela dépend : s'ils vous aiment, il faut les aimer plus que les autres hommes ; mais si (a) » un Père vous fait » éprouver des témoignages de haine, » toute la distinction qu'on lui doit, » c'est de le traiter en *Ennemi Respecta-* » *ble.* »

D. Je ne lui dois donc alors que du respect ?

R. Pardonnez-moi : (b) » il y a une » sorte d'amour que vous devez à tous » les hommes ; or cet amour, votre Pè- » re, puisqu'il est homme, n'a pas moins » droit qu'un autre d'y prétendre. »

D. Mais il me semble que vous avez dit, qu'on n'étoit pas obligé d'avoir pour ses Ennemis de l'Amour ?

R. Je vous ai déja répondu, qu'il faut traiter un Père en *Ennemi Res-* *pectable.*

D. Est-on obligé d'aimer ses Conci-toyens, & le Païs où l'on est né ?

R. (c) » Il est clair qu'un Enfant ne » naît Sujet d'aucun Païs, ni d'aucun

(a) Mœurs, p. 459.
(b) Ibid. p. 459.
(c) Encycl. au mot *Gouvernement.*

» Gouvernement. A l'âge de raison, il
» est homme libre, il est le maître de
» choisir le Gouvernement sous lequel il
» trouve bon de vivre. « Il n'a donc
de Patrie que celle qu'il veut choisir.

D. Et s'il ne s'attache à aucune :

R. Il se souviendra qu'il est un Amour
qu'on doit à tous les Hommes.

D. L'Humanité oblige-t-elle de com-
pâtir aux maux des Hommes misérables ?

R. Oui, si cela vous est agréable.

D. Mais, si ce sentiment me trouble
& me chagrine :

R. En ce cas-là, vous n'y êtes pas
obligé.

D. Dois-je sacrifier mes biens, mon
tems & mes soins pour le soulagement
des indigens, de ceux qui sont dans le
besoin & dans l'oppression ?

R. Oui, si cela vous fait plaisir.

D. Mais si j'aime mieux me divertir,
& dépenser mon argent pour satisfaire
mes désirs ?

R. En ce cas-là vous n'êtes pas obligé de vous sacrifier pour les malheureux.

D. Sur quel principe dites-vous tout
ce que vous venez de m'apprendre ?

R. Sur ce que » (a) le plaisir & la

(a) L'Esprit, p. 230.

» douleur font les feuls moteurs de l'uni-
» vers moral « & doivent être conféquemment les régles de votre conduite.

D. L'Humanité défend-elle de faire
du mal aux autres Hommes ?

R. Oui , fi ce mal doit vous faire
fouffrir , ou vous ôter quelque plaifir.

D. Mais, fi au contraire je fouffre de
ne pas lui faire du mal , & que je trouve
beaucoup de plaifir à le dépouiller & à
le maltraiter.

R. Alors vous le pouvez légitimement.

D. Pourquoi cela ?

R. C'eft que (a) » Tout fentiment,
» qui naît en nous de la crainte des
» fouffrances, ou de l'amour du plaifir ,
» eft légitime & conforme à notre inf-
» tinct. «

D. Les vols & les affaffinats feront
donc légitimes ?

R. Oui, s'ils font néceffaires à votre
bonheur.

D. Comment cela ?

R. C'eft que (b) » le crime , qui
» nous paroit le plus affreux, devient
» néceffaire, lorfque le befoin du meil-
» leur nous y oblige. «

(a) Mœurs, p. 82.
(b) Pyrrhon. du Sage , §. 103.

D. Mais peut-on être heureux, en faisant du mal à ses semblables ?

R. Oui, (*a*) » celui qui aura plus de » satisfaction à faire le mal, sera plus » heureux, que quiconque en aura moins » à faire le bien. «

D. Cette maxime s'étend-elle jusques aux plus grands crimes ?

R. Oui : (*b*) » il est des hommes » assez malheureusement nés, pour ne » pouvoir être heureux que par des actions qui mènent à la grève. «

D. A qui dois-je donc de l'Humanité ?

R. A ceux qui contribueront à votre plaisir & à votre bonheur.

(*a*) Discours sur la vie heureuse, p. 106.
(*b*) L'Esprit, p. 754.

I

IGNORANT. *Bétë* & *Ignorant* avoient été juſques à préſent ſynonimes : mais on ſe ſervoit indifféremment de ces termes, ſans trop ſavoir la raiſon de leur identité. Un Sage nous l'a appriſe. C'eſt que (*a*) » les Hommes *Ignorans* ont » cela de commun avec les *Bêtes*, qu'ils » ſe bornent à des vérités réelles, parce » que leurs fonctions ſenſitives ne s'étendent » pas au-delà des ſens. «

IMAGE. La Religion enſeigne, que l'ame de l'Homme a été faite à l'*Image* & à la reſſemblance de Dieu ; & la Philoſophie prétend, qu'elle a été formée à l'*Image* & à la reſſemblance des Bêtes. L'un eſt plus glorieux, mais il a des ſuites terribles. L'autre paroit d'abord un peu honteux ; mais quand il ſera bien prouvé, il aura les ſuites les plus agréables & les plus utiles pour ce monde. Voy. *Animaux*, *Bêtes*, *Ame*, *Immortalité*.

(*a*) Encyclop. au mot *Evidence*.

IMBÉCILLITÉ.

IMBÉCILLITÉ. Le Sage, qui a fait l'Histoire de l'*Homme naturel*, demande (*a*)
„ pourquoi de tous les animaux l'Hom-
„ me est le seul sujet à devenir imbé-
„ cille ? N'est-ce point, dit-il, qu'il re-
„ tourne ainsi dans son état primitif :
„ état pourtant, qui selon le même Sage
„ *est digne de l'Auteur qui lui a donné*
„ *l'être.* « A ce compte-là. » (*b*) On
„ seroit obligé de louer comme un être
„ bienfaisant celui qui le premier sug-
„ géra aux Habitans de l'Orenoque l'u-
„ fage de ces ais, qu'ils appliquent sur les
„ tempes de leurs Enfans, & qui leur as-
„ surent du moins une partie de leur im-
„ bécillicité, & de leur bonheur origi-
„ nel. « Mais si c'est pour les hommes
un bonheur que cet état d'imbécillité,
pourquoi cet illustre Philosophe, dit-il,
qu'*il seroit affreux de louer cet être bien-*
faisant.

Ô Homme, l'orgueil te dévore, mais
que les Philosophes travaillent puissam-
ment à t'en guérir. Les uns te font sem-
blable au Bœuf qui rumine & à l'Ane
qui brait : d'autres t'apprennent que tu
étois fait pour être toujours imbécille,

(*a*) Discours sur l'inégalité des conditions.
(*b*) Ibidem.

H

& que tu ne peux être heureux qu'en
le devenant.

IMMORTALITÉ. Il eſt deux ſortes d'Immortalité. L'une c'eſt la vie que la réputation & la célébrité donnent à un homme après ſa mort, dans le ſouvenir des
autres hommes. C'eſt cette paſſion d'Immortalité ſouvent utile, ſouvent funeſte,
qui a fait faire beaucoup de ſottiſes, &
quelques belles actions. L'autre Immortalité eſt celle de notre ame, que la plus
ancienne des opinions prétend devoir ſur-
vivre à la deſtruction du corps qu'elle anime. L'Eſpérance ou la Crainte de cette Immortalité, accompagnée de certaines cir-
conſtances, que la Religion y avoit ajou-
tées, a toujours été aux hommes un aiguillon pour le bien & un frein dans le
mal.

Les Philoſophes ne diſputent pas de
ſon utilité, du moins quant au bas peuple : car pour les gens d'un certain rang,
la croyance de l'Immortalité de l'ame n'eſt
point un attribut qui leur ſoit néceſſaire
pour devenir, ou pour être *Honnêtes Hommes*. C'eſt le ſentiment du Philoſophe du
bon ſens, & on doit lui en ſavoir gré.

Le point litigieux eſt l'Exiſtence de

cette Immortalité, article le plus important, sans doute, de la Philosophie, & le pivot sur lequel elle roule toute entière. Car, si l'ame est immortelle, que deviendra-t-elle après la mort ? Elle tombera sans doute dans le sein de l'Auteur de son être : mais n'aura-t-elle point de compte à lui rendre ? Se sera-t-elle fait, dans ce monde, une idée juste de ses devoirs ? N'aura-t-elle pas abusé de sa raison & de ses sens ? Si elle en a abusé, quelle sera sa punition ? Sera-t-elle éternelle ? Toutes questions très-embarrassantes & très-capables de donner à penser.

Si au contraire l'ame est mortelle, il est clair, comme disent nos Philosophes, qu'*elle n'a point de devoirs ;* qu'elle est bornée au bonheur d'ici-bas, quel qu'il puisse être ; que son intérêt est sa régle ; ses penchans, ses loix ; le plaisir ou la douleur, les Moteurs de sa morale ; la crainte des loix humaines, le seul frein à ses entreprises. Car de lui vouloir faire pratiquer le bien pour le bien, on ne sauroit trop sur quoi s'appuyer. Je ne vois pas même en vertu de quoi une ame mortelle se mettroit beaucoup en peine de l'Être Suprême, avec qui elle n'aura jamais rien à démêler, & que nous voyons diftribuer ici-bas les maux & les biens fans trop de rapport à la fidélité ou à l'injuftice des hommes. Devra-t-elle beaucoup de reconnoiffance à l'Auteur de fon être, dont la raifon ne lui apprend pas les vues & les deffeins fur elle, & qui peut-être l'aura renduë ici-bas pauvre, perfécutée, & malheureufe.

Moi donc, qui m'intéreffe fingulièrement à la gloire de la Philofophie & à fes progrès, je voudrois qu'on s'attachât fur-tout à prouver deux chofes : la 1ere que l'ame eft mortelle : la 2e que, quoiqu'elle foit mortelle, elle a des devoirs à remplir, & par rapport à Dieu, & par rapport aux autres hommes.

Quant au 1er article, le plus important de tous, fur qui tout roule, je répéterai ici ce que j'ai dit en parlant de l'Homme, que c'eft l'article, fur lequel on eft le moins avancé. Nos Philofophes même ne s'accordent pas fur ce fondement de notre Philofophie.

Les uns décident hardiment, fans le prouver, que (a) » l'orgueilleux Monarque meurt tout entier comme le Sujet » modefte & le Chien fidéle ; & que

(a) Le Métrie.

„ (*a*) dans un fiécle auſſi éclairé que
„ le nôtre, où la nature eſt ſi connuë,
„ il eſt enfin démontré par mille preu-
„ ves (qu'ils n'apportent pas) qu'il n'y
„ a qu'une vie & qu'une félicité « …
Mais malheureuſement ceux qui parlent
de la ſorte ne ſont pas les plus illuſtres
de nos Sages.

Un des plus célébres dit au contraire,
que (*b*) l'*Immortalité de l'ame* eſt une
choſe *preſque décidée*. Et ailleurs il la regarde, au moins, comme une queſtion
problématique. (*c*) » L'eſpérance d'être
» après ſa mort, dit-il, n'eſt fondée que
» ſur la probabilité, que ce qui penſe,
» penſera ; on n'en a point de démonſ-
» tration. Lucrèce, pour détruire cette
» eſpérance, apporte, dans ſon troiſiè-
» me livre, des argumens dont la for-
» ce afflige. Mais il n'oppoſe que des
» vraiſemblances à des vraiſemblances en-
» core plus fortes. «

Si nous voulons remonter aux principes, outre que pour un Déiſte, qui ad-
met un Dieu juſte & ſage, il eſt imper-
tinent d'admettre un ſyſtéme, où des Scé-

(*a*) Diſcours ſur la vie heureuſe.
(*b*) Œuvres de V … ch. 15. ſur Locke.
(*c*) Lettres Philoſoph. 13ᵉ. édit. d'*Amſterdam* 1734.

lérats puiffans & habiles , qui auroient
échappé aux loix, ne feroient jamais punis ; & où des Juftes indignement traités ici bas , ne feroient jamais dédom-
magés des injuftices qu'ils auroient ef-
fuyées , & des malheurs qu'ils auroient
éprouvés : outre ce raifonnement affez
jufte ; fur quoi fondons-nous la mortalité de l'ame ? Sur fa matérialité fans
doute. Mais quand il feroit prouvé , que
la matière peut penfer ; & quand la reffemblance des animaux & des hommes
feroit affez démontrée , pour que nous
puffions décider que notre ame eft véritablement matérielle , comme nous pré-
fumons qu'eft la leur ; deux points fur
lefquels nous n'avons rien de certain ; car
fur le premier les Philofophes modérés
fe contentent de dire d'après Locke, que
*nous ne ferons peut-être jamais capables
de connoitre , fi un être purement matériel peut penfer ou non.* Pour le fecond ,
nous ne connoiffons pas affez l'ame des
animaux, pour décider qu'elle eft matérielle & mortelle ; & nous n'avons pas encore
fait affez de découvertes dans l'analogie
de notre ame avec la leur , pour démontrer qu'elle eft de la même efpèce.

Mais quand ces deux points ne feroient

pas problématiques parmi nous ; qui pourroit affurer, du moins parmi les Déiftes, qu'une ame matérielle ne peut pas
être immortelle ; & que l'Être Suprême,
qui lui a donné la faculté de penfer, ne
ne peut pas la lui conferver éternellement.

Il faudra donc faire un pas de plus,
& faire penfer la matière dans l'homme
fans le fecours d'une Intelligence Suprême ; ce qui eft la même chofe que de
n'admettre point de Dieu. Car, fi nous
avons, fans fon fecours, la faculté de
penfer, le plus beau privilége d'un Être,
tout l'ordre & toutes les beautés de l'u-
nivers pourront, à plus forte raifon, fe
paffer de lui. C'eft un grand pas qu'ont
fait plufieurs Déiftes ; mais que plufieurs
auffi, (& moi entre autres) ne feront
jamais. Car par-tout où je verrai un arrangement merveilleux & un ordre conf-
tant, je ne pourrai m'empêcher de re-
connoitre une Intelligence.

Que faire donc dans ces perplexités ?
Prendre le parti le plus fûr, comme on
nous le propofe ? Nos Philofophes, qui
penfent bien à tout cela, ne le font pas.
Ils croient pouvoir, fans folie, demeurer
tranquilles, aller toujours leur train, débiter leur Syftéme & leur Morale, agir

H 4

à peu près, autant qu'ils peuvent, en conféquence, & courir gaiment le rifque de tout ce qui pourra en arriver. Or comment croirai-je, que des hommes, qui font des *Sages* dans le raifonnement, fuffent des fous & des frénétiques dans la conduite.

Quant au fecond article, que j'ai propofé plus haut, je n'ai rien à dire, qu'à témoigner le fouhait que je forme, pour que les Philofophes, mes frères, s'attachent à démontrer, que la queftion de l'Immortalité de l'ame eft indifférente à la vertu des particuliers & à la tranquillité publique. La tâche eft trop forte pour moi, & je me garderai bien de l'entreprendre.

J'ai été tout furpris, en lifant cet article de voir le fombre & le férieux qui y régne. On ne peut pas rire, quand on parle de cette *Immortalité de l'ame*.

INTÉRÊT. Ce terme, pris dans toute fon étenduë, ne fignifie autre chofe que l'amour propre, l'amour de foi-même, amour contre lequel on a, pendant fi long-tems, précautionné les hommes; & qui eft, felon nos *Sages*, la loi générale de la nature. On faifoit paffer l'*Intérêt* pour la pefte & la ruine de Mœurs, & nous en avons fait la bafe & le principe. Il étoit ci-devant, dans l'opinion des hommes, la fource ordinaire des défordres & des crimes, & nous l'avons fait le Père des vertus.

Ouï : (a) „ fi l'univers phyfique eft „ foumis aux loix du mouvement, l'uni-„ vers moral ne l'eft pas moins à celles „ de l'intérêt. (b) C'eft-ce qui doit „ faire fentir aux Légiflateurs la nécef-„ fité de fonder les principes de la pro-„ bité fur la bafe de l'intérêt perfonnel. „ (c) Eh ! quel autre motif pourroit dé-„ terminer un homme à des actions gé-„ néreufes. „

Pauvre Humanité ! comme on te trai-toit autrefois ! On te faifoit & trop d'hon-neur, & trop de tort ; mais un hon-neur, qui t'étoit à charge, & un tort qui te privoit de tes droits les plus pré-cieux ; on croyoit que les hommes étoient capables de défintéreffement ; & on met-toit la grandeur d'ame & la générofité à s'oublier pour les autres & à s'immo-ler au bien public. Cet amour de la vertu

(a) L'Efprit, p. 33.
(b) Ibid. p. 232.
(c) Ibid. p. 73.

pour la vertu même étoit la chimère des
ames bien nées. Infenfez, vous ne faviez
pas qu' (a) „ il eft auffi impoffible à
„ l'homme d'aimer le bien pour le bien,
„ que d'aimer le mal pour le mal. " Si
l'on vous fait honneur des facrifices, que
vous paroiffez faire au bonheur des autres, n'en tirez pas vanité. Il n'y a pas
dans vous de mérite à cela ; & ce qu'on
appelle dans vous défintéreffement, générofité (b) „ n'eft que la rencontre
„ heureufe de vos actions " (& conféquemment de votre intérêt) „ avec l'in-
„ térêt public. "

Ce qu'il y a d'avantageux dans ce principe de l'intérêt, c'eft qu'il eft fort
clair & connu de tout le monde. Les
plus groffiers, & ceux-là même qui n'entendent rien autre chofe, entendent à
merveille leurs intérêts. Cette feule no-
tion fera donc l'abrégé de toutes les inf-
tructions, & nous n'avons plus befoin de
Catéchifmes de Probité.

Quelle idée on avoit autrefois des
Hommes ! On les appelloit méchans,
fcélérats, infâmes, lorfqu'ils fuivoient
la Loi puiffante de la nature, & la voix

(a) Ibid.
(b) ibid. p. 90.

étourdiſſante de l'amour d'eux-mêmes ;
,, (*a*) non les hommes ne ſont point
,, méchans, mais ſoumis à leurs intérêts. ''
Eſt-ce qu'on s'imagine qu'un voleur ar-
rache la bourſe à ſon ſemblable & pille
ſa maiſon, pour lui faire de la peine ?
Non, c'eſt pour ſon plaiſir & pour ſon
intérêt de lui. Un Aſſaſſin, qui tue après
avoir volé, épargneroit la vie du voya-
geur, ſi ſa mort n'étoit néceſſaire ou utile
à ſa ſureté : car il a oui dire que les
morts ne parlent point. Ce Néron lui-
même, dont le nom eſt celui de la mé-
chanceté, Néron n'étoit point méchant,
il étoit ſoumis à ſon intérêt. Quand il
fit mourir ſa Mère, c'eſt qu'il ne pouvoit plus la ſouffrir, elle lui étoit à
charge. Et puis elle avoit fait de certaines menaces, qui faiſoient tout craindre
de ſa part. Il fit mettre un jour le feu
dans Rome ; mais c'eſt qu'il crut que
le ſpectacle en ſeroit fort divertiſſant ;
& en effet il s'amuſa beaucoup à voir
tout ce tapage.

Concluons, que, ſi un Philoſophe
étoit *aſſez malheureuſement* né, pour ne
pouvoir être heureux, que par des actions, qui mènent à la grève ; avec ce

(*a*) Ibid. p. 73.

seul article de de la Sagesse moderne, il embarrasseroit fort ses Juges; & je ne voudrois pas être le Commissaire chargé de l'interroger. Du moins je me contenterois de lui dire : Vos raisons sont bonnes, vous n'êtes point méchant, mais malheureux. Il est fâcheux que vos actions ne se soient pas heureusement rencontrées avec l'intérêt public. Vous m'inspirez de la compassion, non de l'horreur : Je vous plains bien sincérement : vous avez fait votre charge; vous avez obéi à la loi générale de la nature; c'est à nous à obéir, en gémissant, à cette loi. Tant de vols étoient dictés par votre intérêt : un grand nombre d'hommes que vous aviez dépouillés, vous les avez immolés à votre sûreté personnelle : mais votre mort importe aussi à l'intérêt de la Société ; & nous allons, sans vous regarder comme criminel, vous immoler à la sûreté publique. Vous avez raison, & nous n'avons pas tort.

JUSTE, INJUSTE. Idées factices, notions arbitraires, devoirs & crimes de convention, au dire de nos *Sages*. (*a*) Il

(*a*) Disc. sur la vie heur.

» n'y a en foi, ni vice, ni vertu;
» ni bien, ni mal moral; ni jufte, ni
» injufte. Tout eft arbitraire & fait de
» main d'homme. Ce qui n'étoit qu'une
» chimère eft devenu un bien réel par
» convention, & parce qu'on a remué
» l'imagination des hommes. »

Peu de gens fentiront toute l'étenduë
de ce principe; & il faut être Philofophe pour comprendre qu'il tient à tout
dans la morale. Mais ceux qui en pé-
nétreront toutes les conféquences, pourront juger du fervice que la Philofophie
peut rendre à la Société, & du zéle avec
lequel elle travaille au bonheur de l'humanité. On en jugera encore mieux par
l'affertion fuivante, qui eft d'un autre de
nos Sages, & d'un des plus célébres.

(a) „ L'ancienne maxime, grand
„ pivot de la Morale, maxime fublime
„ de *Juftice* raifonnée étoit celle-ci :
„ *Fais à autrui, comme tu veux qu'on te*
„ *faffe.* Un de nos Sages veux qu'on lui
„ fubftituë cette autre maxime de *bonté*
„ naturelle : *Fais ton bien avec le moins*
„ *de mal d'autrui qu'il t'eft poffible.* “

Pour moi, je voudrois qu'on gravât
cette dernière maxime fur tous les coins

(a) Difc. fur l'inégalité des conditions.

des carrefours , & fur tous les murs des cabarets & des tavernes. Ceux qui fréquentent ces honnêtes lieux , & qui font fouvent gens de fac & de corde , pourroient , à force d'y réfléchir & de fe communiquer leurs idées , trouver le moyen *de faire leur bien avec le moins de mal d'autrui qu'il feroit poffible* ; & la Société y gagneroit fans doute. Les Affaffins , par exemple , fe contenteroient de couper la langue & les mains à ceux qu'ils auroient volés , pour les empêcher de parler & d'écrire ; & ils n'auroient plus befoin de les tuer. Les Voleurs s'exerceroient à dérober avec moins de dommage , & ils fe garderoient bien de gâter ce qu'ils ne pourroient emporter. Les Empoifonneurs trouveroient un poifon plus doux & plus agréable , &c. &c. Pour les Ufuriers je n'imagine pas de moyen pour diminuer leurs exactions ; car leur plus grand bien fera toujours le plus grand mal d'autrui. Mais quelque autre fera plus habile ou plus heureux que moi.

L

LIBERTÉ. J'ai toujours été étonné que plusieurs de nos Philosophes s'attaquassent à cette pauvre liberté, qui ne peut point leur faire de mal. Car pour des hommes, qui sont persuadés, que la douleur & le plaisir sont les Moteurs de l'univers moral; que tout ce qui est fait dans la vuë de se procurer un plaisir, ou d'éviter une peine, est légitime; que les Législateurs doivent fonder les principes de la Probité sur la base de l'intérêt personnel; que cette Probité elle-même n'est que l'habitude des actions utiles; &c. &c.; qui d'ailleurs tiennent que l'ame est mortelle, & qu'une ame mortelle n'a ni devoirs à remplir pendant la vie, ni châtimens à craindre après la mort; &c. &c. &c. Je ne vois pas, dis-je, que des Hommes, qui ont de tels principes, & qui savent tirer des conséquences pratiques, doivent se mettre beaucoup en peine, s'ils sont libres où non, & que la liberté puisse leur être fort à charge. Seroit-ce qu'ils se défieroient de la bonté de leurs principes ; & qu'ils voudroient avoir plus d'une corde à leur arc, comptant que plusieurs mauvaises raisons en pourroient faire une bonne ? Mais qui croira, que des *Sages*, qui parlent avec tant d'assurance ne soient pas intimement persuadés & fortement convaincus de ce qu'ils disent ? Il faut donc croire, qu'ils ne le font que par surabondance de droit, ou pour mieux s'éloigner des idées reçuës, en quoi ils font très-Philosophes.

Plusieurs s'allarment des suites, que pourroient avoir, pour les mœurs & pour le bien de la Société, l'idée, que nous ne sommes point libres ; (a) que nous nous applaudissons de notre liberté ; & que cependant une détermination nécessaire nous entraine ; que nous ne voulons pas être esclaves, mais qu'en cela nous sommes des fous, & fous d'autant plus malheureux, que nous nous reprochons sans cesse de ne pas avoir fait ce qu'il n'étoit pas en notre pouvoir de faire.

Mais ce sont-là de vaines allarmes. Il suit de ce principe seulement, que (b) le

____

(a) Disc. sur la vie heur. p. 72. Voyez aussi l'*Esprit*, p. 37. 53. 571. 618. 574.
(b) Mœurs, p. 81.

fentiment

fentiment eft l'ame des paffions ; qu'il n'eft point libre, puifque ce n'eft pas parce qu'on le fent, qu'on aime & qu'on hait, & que par conféquent *le Sentiment ne peut point être criminel.* C'eft donc ôter du monde tous les crimes : grand avantage affurément, & grand fervice rendu à l'Humanité.

D'ailleurs les conféquences, qu'on peut tirer de notre fyftême fur la liberté ne font pas plus fâcheufes, que celles qui fuivent néceffairement de nos notions fur le jufte & l'injufte, fur l'intérêt, fur la Probité, &c. Or nous avons déja dit qu'il n'y a rien à craindre : l'*Efprit philofophique eft le pacificateur des Empires.*

LIBERTÉ DE PENSER ET D'AGIR : Elle eft toute l'ambition du Philofophe, & il fera toujours mécontent, tant qu'on ne la lui accordera pas : il enviera toujours le fort du *Peuple libre*, du *Peuple philofophe*, qui jouit de cette précieufe Liberté. Le Sage n'a-t-il pas raifon : (*a*) » Il n'y a » que la Liberté d'agir & de penfer, qui » foit capable de produire de grandes » chofes. « Que n'a-t-elle pas enfanté de

_____

(*a*) Tiré en fubftance du difc. Prélim. du 1er Tom. de l'Encyclop.

nouveau, de hardi, de singulier ; & combien plus seroit-elle féconde en choses surprenantes & inoüies, cette inestimable Liberté, si elle étoit absoluë parmi noûs.

„ (a) Elle est nécessaire à la Philoso- » phie "; & ce que l'on n'auroit pas mê- me imaginé, „ la Religion même peut „ en tirer les plus grands avantages. „ Ceux qui voudroient la proscrire & lui „ donner le nom de *licence* ; sont des „ hommmes vils & lâches. Le Public „ éclairé sait qu'il est utile de tout pen- „ ser & de tout dire. " Le Public de ce siécle peut le savoir encore mieux. Gra- ces à l'Être Suprême, cette précieuse Li- berté de penser & d'agir a fait d'assés grands progrès, & on peut voir dans presque tous les articles de ce Diction- naire quels en sont les merveilleux résul- tats pour le bien des Empires & le bon- heur des particuliers.

On voudroit empêcher les Philosophes de fronder le Gouvernement. C'est être l'ennemi des hommes & de la félicité des peuples. (b) „ Vouloir couvrir l'adminis- „ tration, du voile du silence, c'est s'op- „ poser aux progrès de la Législation, &

(a) Ibid.
(b) Encyclop. au mot *Gouvernement.*

„ par conféquent au bonheur de l'huma-
„ nité. " Cela eft clair & il n'y a pas
le plus petit mot à dire. Eh ! qui eft plus
capable & plus digne que les Philofophes de donner des leçons aux Princes
& à leurs Miniftres ? Qui eft plus propre à rendre les hommes heureux & les
États paifibles, que les maximes de la Philofophie. Être Suprême ! quand verrons-
nous une République de Philofophes &
de Sages, fuivans tous l'intérêt perfonnel, obéiffans tous à la loi de la nature,
& n'écoutans tous que la voix du plaifir.
Quel concert ! quelle harmonie ! Quelle
paix ! Quelle union ! Quelle tranquillité !
Voy. *Amour, Concubinage, Bonheur,
Humanité, Intérêt, Probité,* &c. &c. &c.

LIBERTINAGE. Les Philofophes pra-
tiquent d'une manière bien généreufe
cette humanité dont ils donnent de fi
belles leçons. Ils l'exercent même par pré-
férence à l'égard de ceux qu'ils voient
être les victimes des *injuftes* préjugés.
Quelle obligation ne leur ont pas les
Courtifanes, les Filles de moyenne vertu,
les Femmes galantes, de ce qu'ils travaillent, au péril même de leur honneur,
à les laver de l'opprobre dont on les cou-

vre. Il ne tient pas à eux, que tous ces noms odieux, & celui de *Libertinage*, qui les renferme tous, ne foient abolis, ou même changés en titres honorables.

(*a*) „ Si l'on examine, dit un de nos „ Sages, la conduite des Femmes ga- „ lantes, on verra qu'elles font fort uti- „ les au public ; qu'elles font, par exem- „ ple, de leurs richeffes, un ufage commu- „ nément plus avantageux à l'État que „ les Femmes les plus fages. Le défir „ de plaire, qui conduit la Femme ga- „ lante chez le Rubanier, chez le Mar- „ chand d'étoffes, ou de modes, lui fait „ non-feulement arracher une infinité „ d'ouvriers, à l'indigence, mais lui „ infpire encore les actes de la *Charité* „ la plus éclairée... Les Femmes Sages, „ font donc moins bien confeillées par „ leurs Directeurs, que les Femmes ga- „ lantes par le défir de plaire. "

Notre Sage conclut qu' „ il n'y a au- „ cune proportion entre les avantages „ auxquels il faudroit renoncer pour „ bannir d'un État le Libertinage, & „ le mal infiniment petit qu'occafionnent „ les foibleffes de l'amour.

Cependant comme il paroit, que l'on

(*a*) L'Efprit, p. 158.

pourroit aller chez le Rubanier , & chez le Marchand de modes ou d'étoffes , fans être une Femme galante , & faire travailler l'artifan , par une *Charité éclairée*, fans outrer les foibleffes de l'amour ; je trouve que ce Philofophe a bien fait pour l'honneur des Femmes galantes , & l'avantage du Public , de prendre les chofes dans leur racine , & d'attaquer le préjugé dans fon principe.

Pour cela , en convenant , que (*a*)
„ le *Libertinage* eft criminel en France,
„ puifqu'il bleffe les loix du païs, il
„ fouhaiteroit qu'il fût parmi nous ,
„ comme chez différentes nations, *au-*
„ *torifé par les Loix* , & même *confacré*
„ *par la Religion.*

(*b*) » Il faut fans contredit défendre
„ aux hommes tout plaifir contraire au
„ bien général : mais avant cette défenfe
„ il faut , par mille *efforts d'efprit* , tâcher
„ de concilier ce plaifir avec le bon-
„ heur public. Les Hommes font fi mal-
„ heureux, qu'un plaifir de plus vaut
„ bien la peine de le dégager de ce
„ qu'il peut avoir de dangereux pour un
„ gouvernement. «

(*a*) Ibid. 147.
(*b*) Ibid. p. 148.

Que de gens vont s'écrier : Eh ! Meſ-
ſieurs les Philoſophes , faites-nous vîte
quelque *effort d'Eſprit* , qui nous aſſure
nos plaiſirs. Conſolez-vous : cet *effort d'Eſprit* eſt déja fait. Il conſiſte à ſuggérer
aux Légiſlateurs d'établir la *Communauté
des Femmes*. Car (a) » ſi les Femmes
„ étoient communes , & les Enfans dé-
„ clarés *Enfans de l'État* , le *Libertinage*
„ alors n'auroit politiquement plus rien
„ de dangereux. «

Plus rien abſolument , c'eſt trop dire ;
car la *Communauté des* Femmes auroit
bien quelque petit inconvénient ; mais
il ſeroit bien balancé par les *grands avantage du Libertinage* , & ces légers défauts du ſyſtême n'empêchent pas cet
effort d'Eſprit , d'être digne de celui ,
qui a fait de ſi belles découvertes ſur
l'*Eſprit*.

(a) Ibid. p. 147.

M

MÉTEMPSYCHOSE. De toutes les opinions des Anciens, c'est ici peut-être la seule, qui n'ait pas été renouvellée & embellie par nos Sages, & sur laquelle je n'aie à citer que mes propres pensées. Cependant elle me paroit avoir toutes les qualités d'une opinion Philosophique. Elle est nouvelle, hardie, intéressante, propre à expliquer des Phénoménes inexplicables sur le caractère des Hommes & de leurs ouvrages ; & de plus elle a les plus grandes probabilités en sa faveur. Je ne sortirai pas de la classe des Philosophes pour le prouver. Ce sont les exemples les plus illustres, & que je connois le mieux.

Qui ne seroit frappé, en voyant la ressemblance parfaite, qui se trouve, entre les gouts, les opinions, la conduite même de nos Philosophes, & ceux des Philosophes de l'antiquité. Est-il un seul sentiment, pour singulier qu'il puisse être, dans les Sages de la Gréce, qui n'aît été renouvellé, de nos jours, par les Sages de la France ? Pourquoi ces *Génies Créateurs* ont-ils mieux aimé embellir les idées d'autrui, que de donner les leurs ; & faire valoir des opinions anciennes, que d'en inventer de nouvelles? Pourquoi un tel Philofophe a-t-il un goût fi marqué, une prédilection fi inexplicable pour telle & telle opinion ? Mes *pourquoi* ne finiroient jamais.

A quoi faudra-t-il attribuer cette reffemblance, fi ce n'eft à la tranfmigration de l'ame des Anciens Philofophes dans le corps des Sages de notre nation. Nous avons évidemment un *Diogéne*, à qui il ne manque que le tonneau. Les *Thalès* & les *Anaximandres* ne feroient pas difficiles à trouver. Pour des *Épicures*, nous en avons à revendre ; & des *Démocrites* combien n'en poffedons-nous pas ? Il eft vrai que bien des gens les trouvent de fort mauvais plaifans ; mais ce n'eft pas leur faute ; & cette circonftance ne fait rien contre mon fyftême. Car cela prouve feulement, que l'on eft devenu plus délicat en fait de plaifanteries, ou que la langue françoife ne prête pas autant que la Grecque aux ris & à l'enjoument. Le goût a changé, les génies font toujours les mêmes.

Il me semble qu'on expliqueroit admirablement bien , dans mon syftême ,
les révolutions des Sciences & de la Philofophie. Il n'y auroit jamais eu dans le
monde qu'un certain nombre d'Ames Philofophes. Après avoir paru dans l'Egyp-
te , Elles fe feroient montrées dans la
Grece ; de la Grece Elles auroient paffé
à Rome , lorfqu'elle étoit la maîtreffe de
l'univers. Lors de l'irruption des Gots ,
ces Ames Philofophes fe feroient retirées
dans la Chine & dans les Indes , où felon
nos principes nous devons trouver bien
des Sages. Enfin quand ces Ames illuftres ont vû la France & l'Angleterre par-
venuës au plus haut point de leur grandeur , Elles font venuës nous rendre vi-
fite. Car Elles aiment la belle gloire , ces
Ames , & Elles quittent bientôt un peuple déchu de fon ancienne réputation ,
pour s'envoler chez une nation , qui com-
mence à briller dans le monde. Il en a
paru quelques-unes en Allemagne , &
pas une feule en Efpagne. Leur tour viendra : celui des Mofcovites eft bien venu.
Il y auroit quelques lacunes dans l'hiftoire de ces Révolutions , parce qu'on
n'a pas là-deffus tous les mémoires néceffaires : mais pour remplir ces vuides ,

on pourroit faire voyager ces Ames Philofophes chez les Hurons & les Iroquois, ou les envoyer à la découverte des terres Auftrales.

L'Opinion de la Métempfychofe eft encore merveilleufe pour expliquer les variations & les contradictions du même Philofophe. Il en eft un fort célèbre, à qui je ne faurois quel nom donner. Eft-il Homère ? Eft-il Sophocle ? Eft-il Lucien? Eft-il Lucrèce ? Difons qu'il eft tout cela ; & que plufieurs Ames animent fon corps. Alors il fera faux de dire qu'il fe contredit, mais on dira qu'un tel jour Sophocle tenoit la plume, & qu'un tel autre jour Lucien ou Lucrèce dictoit, &c. &c. D'ailleurs plufieurs lames doivent plus ufer le fourreau qu'une feule ; & cela pourroit expliquer pourquoi ces Ames *tam malè habitant.*

Enfin on trouvera dans cette Métempfychofe de quoi expliquer, un peu mieux que n'ont fait quelques-uns de nos Sages, l'analogie de l'Homme & de la Bête.

J'ai lieu de croire que cette opinion, qui paroit fi probable, ne fera point de tort à la gloire de nos Philofophes. Ils aimeront autant être Thalès, Anaximandre, Platon, Épicure, Démocrite, Lu-

cien, Lucrèce, Diogène, &c. &c. que
d'être Mr. T.... Mr. H.... Mr. D'....
Mr. R. ... Mr. D.... Mr. V.... Leur
science ne sera qu'une réminiscence ; mais
ils se seront pillés eux-mêmes ? N'ont-ils
pas droit ?

.MODÉRATION DES DÉSIRS. Expression
surannée ou pédantesque. Qui sont ceux,
qui la recommandent sans cesse, & qui
voudroient anéantir les passions dans tous
les cœurs ? Ce sont, dit un Philosophe
(a). » des *Pédans* épris d'une fausse
» idée de perfection ; des Déclamateurs
» sans esprit, qui contentrés dans une
» petite sphère d'idées, répétent conti-
» nuellement ce qu'ils ont entendu dire à
» leurs mies. Rien de plus dangereux dans
» un État, que ces gens sensés, Idoles des
» gens médiocres. Ils ne sentent pas que
» leurs préceptes seroient la ruine des
» nations, qui les adopteroient.

Quoi de plus capable, en effet, de
ruiner une nation, que de voir les hommes réprimer la fougue de leurs désirs,
les assujettir aux loix, contraindre leur
ambition, vaincre leur cupidité, sur-
monter leur amour pour le plaisir. Un

(a) L'Esprit, 313 & 164.

peuple compofé d'Hommes de ce caractère pourroit-il fubfifter long-tems ?

MODESTIE. Que les Hommes font
injuftes ! N'a-t-on pas accufé les Sages
d'être pleins d'orgüeil , & d'avoir un ton
& des manières qui ne refpirent que la
hauteur & la fierté. Mais fut-il jamais
au contraire des Hommes plus Humbles
& plus Modeftes. Ils n'oublient rien pour
qu'on les croie au-deffous de l'Ane qui
brait & du Chien qui abboie. N'eft-ce pas
outrer la Modeftie ? N'eft-ce pas en-
chérir fur le Fanatifme & la Superftition , & pouffer plus loin l'Humilité ?

Il eft vrai que les Sages paroiffent
croire qu'ils font les feuls, dans l'univers,
qui fachent & qui ofent penfer : mais
ont-ils tort, & n'eft-ce pas la pure vérité ? Penfoit-on avant la Révolution
philofophique ? Penfe-t-on aujourd'hui
même quand on n'eft pas Philofophe ?
N'eft-ce pas la Philofophie, qui nous a
appris à penfer.

On penfe parmi nous, & l'on végète ailleurs.

Que fi après cela les Sages traitent
un peu du haut en bas ceux qui ne font
pas Philofophes , doit-on les en blâmer ?

La qualité d'*Êtres Penſans* dont ils ont le privilége excluſif, ne les met-elle pas au-deſſus des plus Grands Monarques, des Héros le plus célèbres, des Savans les plus diſtingués. Quand on a à faire à un tas d'*Imbécilles* qui ne ſavent pas penſer, & qui ne veulent pas être heureux; prendre des airs de hauteur & un ton déciſif, ce n'eſt pas Orguëil, c'eſt Franchiſe.

MŒURS, MORALE. Quand la Philoſophie parut parmi nous, la Morale étoit un édifice grand & majeſtueux, mais d'un goût trop ancien, & qui n'étoit plus à la mode. On auroit bien été d'avis de le raſer entièrement & de n'en laiſſer pas de veſtige. Mais il étoit reſpecté pour ſon ancienneté & pour ſon utilité reconnuë. On n'oſa donc toucher à ſes fondemens. Cependant c'étoit ſur-tout, à notre avis, par les fondemens qu'il péchoit. Nos Philoſophes ſe contenterent donc d'en changer la façade & de la mettre dans le goût moderne. Mais le fond de l'ancien bâtiment reſtoit toujours : les appartemens étoient mal diſtribués ; & ſi vous exceptez qu'ils étoient bien éclairés, on y trouvoit peu de commodités

& d'agrémens. Nos Sages se sont las-
sés d'y faire des changemens ; ils ont
enfin pris le bâtiment par le pié, & ils
en ont arraché jusques aux fondemens,
pour en substituer, sinon de plus soli-
des, du moins de plus conformes à leurs
vuës.

Ces fondemens sont l'*Amour de soi*
ou l'*Intérêt*, seule base, sur laquelle on
puisse établir une Morale *utile*. La douleur & le plaisir seront donc doréna-
vant les seuls Moteurs de l'univers moral:
& que de *Belles vérités* découlent de ce
seul principe. Voy. *Intérêt*, *Amour*, *Cri-*
me, *Libertinage*, &c.

MŒURS. Il ne faut pas juger des *Mœurs*
des Philosophes par leurs écrits ; c'est
un Philosophe qui vous en avertit lui-
même. (*a*) » Ils seroient bien fâchés
» qu'on pût accuser leur cœur, de la
» licence de leur esprit. En écrivant
» contre la loi naturelle, ils la suivent
» *à la rigueur*. En disputant sur le Juste,
» ils sont Justes vis-à-vis de la Société. «
En cela ils donnent des preuves d'une
vertu rare. Car les gens sensés & Sages.

_____

(*a*) Œuv. Philosop. de la Mettrie, disc. Prélim.

des anciens tems avoient bien de la peine, avec leurs bons principes, d'être justes & vertueux. Quoi de plus héroïque que d'avoir de sa vertu, même avec de mauvais principes.

Mais n'est-il pas à craindre, que cette licence de l'esprit des Philosophes ne passe dans le cœur des Lecteurs vulgaires, qui ne le sont pas ? Peut-on espérer que beaucoup d'hommes seront capables d'une vertu si héroïque ? Oui : si l'on comprend bien en quoi les Philosophes font consister la vertu.

N

NATURE. Expreſſion familière aux Philoſophes, & qu'ils doivent employer plus ſouvent pour rendre le langage plus uniforme. Chacun enſuite y attacheroit le ſens qu'il voudroit, ſelon le ſyſtéme qu'il auroit embraſſé. Les uns entendroient par ce mot une Intelligence increée & Toute-puiſſante ; d'autres une Cauſe aveugle, dont ils ne connoiſſent que les effets & dont ils ne peuvent déviner le caractère & les qualités. Mais quelque ſens qu'on y attache, j'ai toujours vû que ce mot faiſoit un bel effet dans les Écrits de nos Sages.

ORACLES,

O

ORACLES. La Nature a auſſi les ſiens ; &, ſelon nous, ce ſont nos penchans & nos déſirs, qui en ſont les interprétes. Vous en conclurez, que ces Oracles ne ſauroient jamais être ambigus, ni déſagréables : mais ſont-ils trompeurs ? Les Sages diſent que non ; car la Nature ne trompe jamais. Mais le Voleur ? Mais le Meurtrier ? Mais le Parricide ? Mais, Mais ? Toujours des *Mais !*

ORGUEIL. O Homme ! l'Orgueil te dévore ; mais les Philoſophes travaillent puiſſamment à t'en guérir. Si tu voulois les en croire, tu te croirois au deſſous de l'Animal le plus ſtupide. Tu te plains amèrement d'un deſſein ſi utile & ſi agréable pour toi, ſi tu ſavois le connoître ; tu te révoltes contre le Médecin plein d'humanité, qui veut te guérir. Tu ne peux ſupporter qu'il te dégrade ainſi de la ſublimité de ton origine. Mais d'abord, comment oſes-tu te plaindre ? Le Diſciple n'eſt pas au-deſſus du Maître.

Quand le Sage se ravale lui-même à la condition des Bêtes, as-tu bonne grace de murmurer, de ce qu'il te donne la même origine & la même destination ?

Que gagnes-tu à ces belles idées, que la R.... C.... te présente ? Elle t'apprend, que ton ame est un souffle de la Divinité ; qu'elle a été formée à son image & à sa ressemblance ; qu'elle est destinée à vivre éternellement, à posséder Dieu-même, & à régner avec lui ; qu'elle est obligée ici bas à imiter sa Sainteté & à prendre ses perfections pour modéle. Ces idées te paroissent grandes, nobles, sublimes ; elles élèvent ton ame ; elles aggrandissent ton cœur ; le monde entier te paroit indigne de toi, & tu aspires à quelque chose de plus grand. Mais que t'en reviendroit-il pour cette vie de ces sentimens sublimes ? des devoirs austères, des remords & des craintes, si tu ne remplis pas ces devoirs, &c. &c.

La Philosophie au contraire t'abbaisse & te dégrade en apparence ; mais c'est pour te rendre heureux. Elle t'apprend, que ton ame est de la même pâte, que celle des animaux ; que tu meurs comme le chien fidéle ; que ta destination est bornée à la félicité des sens & aux plaisirs grossiers de cette vie. Tout cela te paroit bien honteux : mais un peu de honte est bientôt passée. Quoi de plus charmant d'ailleurs, que les conséquences de ce systéme : imiter les Animaux ; penser au corps plutôt qu'à l'ame ; procurer à son corps toutes les commodités ; ne point se priver de ce qui fait plaisir ; donner à la raison la nature pour guide ; penser qu'une ame mortelle n'a point de devoirs, &c. &c. &c. : tout cela ne dédommage-t-il pas de ce que notre systéme peut avoir de peu satisfaisant pour l'orgueil & l'amour propre ? Est-il un systéme meilleur pour cette vie ?

Mais pour l'autre vie, diras-tu, si elle existe ? Oh ! certes, c'est autre chose : ne confondons pas les objets ; il ne s'agit pas de cela ici.

P

PARADOXES. C'est ici la Patrie &
l'Empire du Philosophe. C'est ici où
il habite, où il triomphe, où il régne.
Persuadé qu'il est, que les opinions les
mieux établies sont des préjugés, il doit
prendre le contrepied des idées reçuës.
Plus une opinion a pour elle de preuves
& d'autorités, plus il est glorieux au
Philosophe de-s'en écarter, & de penser autrement que le Vulgaire. C'est dommage que le peuple croie, qu'il est jour
en plein midi, & qu'on ne puisse le nier.

Jeune Homme, souviens-toi, que tu
dois juger de tes progrès dans l'étude
de la Sagesse, par le plus ou le moins
de goût, que tu as pour les Paradoxes.

PARJURE. Un de nos Philosophes pense que (*a*) » c'est être Superstitieux, que
» de mettre de la différence entre le men-
» songe & le parjure. « Et en cela il
raisonne conséquemment dans le système
où il n'y auroit point de Dieu, ou dans

(*a*) Mœurs, p. 288.

celui où il n'y auroit point d'autre vie, ni de Providence. Si Dieu ne se met point en peine de nous, que lui importe qu'on se serve de son nom pour attester un mensonge ?

Voilà encore un nouveau service rendu aux hommes, un nouveau crime ôté du monde. Personne n'a jamais rendu la vertu plus facile, que nos Sages.

PASSIONS. Objet des invectives des Sages de tous les tems, jusques aux Sages de nos jours exclusivement. On les regardoit comme un cheval sans frein, comme un torrent sans digues, comme un feu qui ravage tout, quand, au lieu d'en arrêter les fureurs, on lui fournit des alimens. Erreur ancienne ! Erreur consacrée ! Les Philosophes t'ont immolée avec tous tes Partisans à la risée & au mépris.

Les Passions, bien loin d'être ennemies de la vertu, (*a*) » sont, au con- » traire, le feu, qui vivifie le monde » moral. (*b* Il n'y a que l'homme for- » tement passionné, qui pénétre jusqu'au

(*a*) L'Esprit, p. 319.
(*b*) Ibid. p. 368.

» Sanctuaire de la vertu. (*a*) Si l'Hu-
» manité doit aux Passions ses vices, &
» la plupart de ses malheurs ; ces mal-
» heurs ne donnent point aux Moralistes
» le droit de condamner les Passions &
» de les traiter de folie. La *Sublime*
» *Vertu* & la *Sagesse éclairée* sont deux
» assés belles productions de cette folie,
» pour la rendre respectable aux yeux
» de l'univers. «

Il ne faut pas, au reste, appliquer
ces deux différens Tableaux à deux espè-
ces différentes de Passions, attribuant les
Vices & les *Malheurs* des Hommes aux
Passions effrénées & déréglées, & la *Su-*
blime Vertu, avec la *Sagesse éclairée* aux
Passions bien réglées. Ce seroit donner
aux paroles d'un grand Philosophe un
sens, qui seroit indigne de lui. Il auroit
parlé alors comme les Moralistes, que
pourtant il condamne. Car les Moralistes ne traiteront jamais de folie l'Amour
de la gloire bien réglé, l'Amour de la
Patrie, l'Amour conjugal, l'Amour filial, l'Amour Paternel, toutes *Passions*,
si on veut leur donner ce nom, aussi
vives & aussi capables de grandes choses, que les Passions les plus déréglées.

(*a*) Ibid. p. 319 & 320.

Il faut donc entendre les belles paroles de ce Sage de ces dernières Paſſions, pour ne pas lui attribuer la honte d'avoir dit avec tant d'emphaſe une choſe ancienne & triviale.

PATRIE. Nom qui a excité autrefois tant de tranſports, & qui a fait faire des choſes ſi célèbres. Ne nous laiſſons pas éblouïr par la grandeur des noms & par l'éclat des actions.

L'Homme a-t-il une Patrie ? Jeune il n'en a point, il ne naît ſujet d'aucun gouvernement. Homme fait, ſa Patrie eſt le païs qu'il a choiſi. S'il ne ſe fixe à aucun, ſa Patrie c'eſt l'univers, & il a pour concitoyens tous les Hommes. Pour le Philoſophe, ſa Patrie c'eſt le païs où il eſt libre. La mienne donc c'eſt mon cabinet. Voy. *Gouvernement.*

PENSÉE. Voy. *Ame, Animaux, Immortalité, Eſprit,* &c.

PENSER. J'ai vû bien des gens s'étonner, que les Philoſophes demandaſſent avec tant d'empreſſement le *Liberté de penſer,* & qu'ils ſe plaigniſſent ſi amèrement qu'on la leur refuſât. Quoi, difent-ils, quelqu'un empêche-t-il ces Philofophes de penfer tout ce qu'il leur plaît; & quel pouvoir humain peut s'étendre jufques fur leurs penfées? Les Innocens! Ils n'entendent pas le françois; & qui s'embarrafferoit de penfer, s'il ne pouvoit communiquer fes penfées? *La Liberté de penfer* eft la Liberté de parler & d'écrire; d'écrire fur-tout, car on dit affés ce qu'on veut.

Or cette Liberté eft fort utile aux États, comme il paroit par les belles découvertes & les maximes admirables confignées dans ce Dictionnaire. Cette Liberté eft encore utile à chaque Philofophe en particulier, non pas, comme l'ont prétendu des ennemis de la Philofophie & des Philofophes, parce qu'elle fait vendre des livres, qui ne fe feroient jamais vendus, & que par-là elle fait bouillir la marmite du Sage; mais parce qu'en fe communiquant ainfi fes idées, on fe fortifie l'un l'autre fur des objets où il faut du courage pour furmonter certaines craintes, fruits de l'éducation & des préjugés; & où le courage de chaque Philofophe ne fuffiroit pas; quoiqu'ils foient, dans un fens très-vrai, les plus courageux des Hommes. Car, pour le dire, en paffant, les Héros guerriers ne bravent que la mort, & nos Héros affrontent hardiment quelque chofe de plus terrible encore.

PHILOSOPHIE, PHILOSOPHIQUE. Les Philofophes de ce fiécle ont enfin reconnu le véritable objet des études du Sage, qui eft de tout diriger à la perfection des Mœurs. Hiftoire, Chronologie, Géographie, Phyfique, Hiftoiré naturelle, Loix, tout a été de leur reffort ; ils ont fait des recherches fur tout. Mais, dans toutes leurs recherches, ils ont eu pour but, non de perfectionner les Arts, la Navigation, le Commerce, la Politique, la Connoiffance des Tems; mais de détruire les anciens préjugés en fait de Religion ou de Mœurs, & de parvenir à l'établiffement d'une morale utile. S'ils écrivent l'Hiftoire, ils ne font guères remarquer que ce qui peut décrier les adverfaires de la Philofophie. S'ils travaillent fur la Chronologie, c'eft pour tâcher de prouver que fes calculs ne s'accordent pas avec une Hiftoire à leur avis trop refpeétée. S'ils tâchent de découvrir la Théorie de la Terre, c'eft pour faire entendre que le monde eft plus vieux qu'on ne penfe, & l'on voit où cela va.

S'ils étudient les animaux, c'est pour parvenir à prouver leur ressemblance entière avec l'homme, & assurer à celui-ci l'espoir de mourir comme ceux-là. S'ils recueillent les loix des différens peuples, c'est pour établir que les notions du juste & de l'injuste dépendent plus des causes physiques que des morales. S'ils font la description des mœurs & des usages des peuples éloignés de nous & peu connus, c'est pour y trouver des preuves de cette stupidité de l'Homme naturel, qui peut avoir de bonnes conséquences pour connoître l'origine des loix, & la source de l'idée qu'on s'est formée des vices & des vertus, &c. &c. &c.

Il est vrai que leurs recherches n'ont pas eu de grands succès. Cet esprit de conjecture porté dans l'Histoire, dans la Physique, &c. n'est pas encore du gout de la multitude. On pense encore qu'en conjecturant de la sorte, on peut aisément dire le pour & le contre, avec autant de vraisemblance. On a même voulu soupçonner nos Philosophes de peu de fidélité & de bonne-foi dans leurs rélations. Mais ce sont sans doute les ennemis de la Philosophie, qui répandent ainsi des soupçons sur les intentions les plus droites. Quoiqu'il en foit, fi le zéle de nos Sages, qui a porté ainfi l'efprit philofophique dans toutes les branches des connoiffances humaines, n'eft pas encore accuëilli, comme il le mérite, il eft affuré du fuffrage de la poftérité, & il a déja pour lui celui des Hommes qui *penfent.*

Les projets des Philofophes font vaftes. Ils ne fe propofent rien moins que de bannir les erreurs de toutes les fciences. Nous n'avons, dit éloquemment un d'entr'eux, (*a*) » nous n'avons qu'une » expérience lente & une réflexion bor- » née : mais avec ces deux leviers, la » Philofophie s'eft propofée de remuer » le monde.

L'Esprit Philosophique eft le Pacificateur des Empires. Voyez-en la preuve aux mots *Efprit , Gouvernement , Autorité , Crimes , Intérêt , Punitions , Libertinage , Bonheur , Pudeur ,* &c. &c. &c.

PLAISIR. Le Plaifir, objet éternel des invectives des anciens Moraliftes, eft monté enfin fur le trône, que la nature lui a dreffé ; & il régne enfin dans la Mora-

(*a*) Interpr. de la nat. p. 52.

le, d'où depuis tant de siécles on l'avoit banni. Graces à nos Sages, qui l'ont rétabli dans ses droits, (*a*) » Il partage aujourd'hui, avec la douleur, l'empire de » l'univers moral. « *Divisum imperium cum Jove Cæsar habet.*

De ce principe lumineux, que de conséquences pratiques ; mais conséquences aussi agréables qu'utiles. Car de-là (*b*) » Tout sentiment, qui naît en nous » de la crainte des souffrances, ou de l'amour du plaisir, est *légitime* & conforme à notre instinct. » De-là il suit qu' (*c*) Il faut songer au corps avant » que de songer à l'ame ; procurer à son » corps toutes les commodités ; ne point » se priver de ce qui fait plaisir ; donner à la raison la nature pour guide. » &c. « De-là suivent, en un mot, *Tous ces lieux communs de Morale lubrique, que Lully réchauffa des sons de sa Musique,* & qui doivent mettre Quinaut & tant d'autres Poëtes au nombre des plus grands Philosophes.

Ce qu'on avoit encore moins imaginé, & ce qui fait encore plus d'honneur

(*a*) L'Esprit, p. 230.
(*b*) Mœurs, p. 82.
(*c*) Disc. sur la vie heur. p. 148.

à la fagacité de nos Philofophes, c'eft
que le plaifir, premier moteur de l'univers moral, bien loin de nuire à la vertu,
eft le moyen le plus puiffant pour nous
la faire pratiquer. Voyez-en la preuve au
mot *Vertu* ; & vous conclurez avec le Sage, que je viens de citer : *Soyons Hom-*
mes feulement, & nous ferons vertueux.

Qui mérita donc mieux que les Philofophes de notre fiécle le titre augufte de *Bien-*
facteurs de l'Humanité ? Qui travailla plus
efficacement pour le bonheur des particuliers, & pour la profpérité des Empires ? Cependant nous ne travaillons que
pour des ingrats. Exceptez quelques jeunes Débauchés, quelques Femmes galantes, quelques Comédiens, quelques &c.
&c. ; parmi les autres, les uns nous ab-
horrent, les autres nous fifflent ; ceux-ci
nous regardent comme des fcélérats, ceux-
là comme de fous. Tantôt on voudroit
qu'on nous traitât comme des Incendiaires,
des Empoifonneurs publics, des Ennemis
de l'État, & tantôt comme on traite les
Juifs à Lifbonne. Les plus modérés nous
condamnent aux petites Maifons.

Nous travaillons à rendre les Hommes
heureux, & les Hommes ne veulent pas
être heureux. C'eft bien eux qui font

les fous. Auffi leur bonheur voulant que nous euffions du pouvoir, nous les traiterions, comme on traite les malades dans le délire. Nous les forcerions à être heureux malgré eux. Aujourd'hui nous n'avons que la voix de l'exhortation ; mais fut-elle encore plus méprifée cette voix, l'amour de l'Humanité en dirigera toujours les accens.

PRÉJUGÉS. Victimes que la Philofopie immole journellement à la raifon & au bonheur des hommes. Plus ces victimes font refpectées, plus le facrifice doit en être glorieux au Philofophe. On ne les facrifie pas toutes avec la même facilité. Les unes vont à l'autel d'affez bonne grace. Les autres réfiftent longtems ; & quand on croit leur avoir donné le coup mortel, on les voit tout d'un coup reprendre leurs forces, & faire fouvent repentir le Sacrificateur de fa témérité. Tels font fur-tout les Préjugés de la Religion & des Mœurs. Je prévois qu'ils donneront long-tems de l'occupation au courage & à l'habileté des Philofophes.

PROBITÉ. Nous avons dit en plufieurs articles de ce Dictionnaire, que *la Pro-*

bité n'eſt que l'habitude des actions utiles : mais on ne ſauroit répéter trop ſouvent une vérité ſi importante. Avec elle ſeule on aura une régle de conduite infailli-ble , & l'on pourra ſe paſſer de maître & de conſeil ; chacun ſait trop bien ce qui lui eſt utile. Quel ſervice rendu à l'Humanité , & que de gens ſe trouveront de la Probité , qui ne s'en doutoient pas. Voy. *Intérêt , Vertus , Crime ,* &c.

Catéchiſme de Probité. Voy. *Catéchiſme.*

PUDEUR. Vertu, qui, ſelon la penſée de nos Sages , n'eſt bonne que pour le beau ſexe , parce qu'elle en relève les agrémens , & qu'elle augmente les plai-ſirs par des réſiſtances bien ménagées. Dans les Hommes , c'eſt une puérilité , ce n'eſt pas une vertu.

Un Philoſophe ne rougit de rien, ou s'il rougit, c'eſt par un ſentiment non de pudeur, mais d'urbanité. (*a*) » Il » n'entend point exclurre des converſa- » tions les manières galantes , il ne veut » qu'indiquer le ton ſur lequel il con- » vient d'en parler. «

Bien loin de ſe faire un ſcrupule d'é-taler aux yeux de tout le monde des

(*a*) Mœurs, p. 180.

tableaux licencieux & des peintures obfcènes, il regarde ceux qui les cachent,
comme les ennemis des Arts. Cet Homme, qui confeilla à un Prince d'Italie,
de faire voiler des Tableaux & des Statuës, qui repréfentoient des objets trèsindécens, qu'étoit-il aux yeux des *Sages* ?
(*a*) » Un Moine, qui lui feul fit plus
» de mal, qu'une armée de Goths &
» de Vandales, ces deftructeurs des pro
» diges de l'Art. « Et ces Maîtres prétendus zélés pour l'éducation de la Jeuneffe, qui ont fait dans les *Horaces*, les
Ovides, les *Juvenals* (*b*) » des fuppref
» fions monacales ?. Ce font des hom
» mes, qui, s'ils étoient écoutés, nous
» feroient perdre tous les tréfors de
» l'antiquité. « Grande perte affurément !

Et certes la moindre miniature, furtout fi elle eft obfcène ; le moindre marmoufet, fur-tout fi c'eft une nudité ; la
moindre épigramme licentieufe des Anciens n'eft-elle pas préférable aux mœurs
& à l'innocence d'un million d'Hommes.

Et d'ailleurs dès que le plaifir eft le
moteur de l'univers moral ; dès qu'on
eft vertueux, quand on eft capable d'ai

(*a*) 22ᵉ. des Lett. Juiv.
(*b*) 53ᵉ. des Lett. Juiv.

mer ;

mer ; ces tableaux, ces difcours, ces poë-
fies, plus ils feront libres & obfcènes ;
plus ils feront un puiffant encouragement
à la vertu. Voy. *Vertu.*

Enfin la commodité & la mode mi-
fes à part ; nos Philofophes ne jugent
pas qu'il y eût aucun inconvénient à ce
qu'on imitât certains peuples fauvages ,
& qu'on fe pafsât de vêtemens ; & ils
confirment leur dire & par des raifonnemens & par des exemples.

D'abord (*a*) » il eft clair que le
» premier, qui fe fit des habits fe don-
» na en cela une chofe peu néceffaire. &
Enfuite (*b*) » pourquoi (difent les Bra-
» mines) aurions-nous honte d'aller nuds,
» puifque nous fommes fortis nuds du
» ventre de notre Mère. « Cette raifon
n'eft-elle pas décifive. Nos Dames Fran-
çoifes font-elles plus vertueufes que les
Femmes Siamoifes ? Mais celles-ci (*c*)
» ne paroiffent-elles pas dans cet état
» portées fur des Palanquins dans les
» ruës. ? « Lifez le livre de l'Efprit ;
& vous verrez combien cette coutume
eft Sage. (*d*) Et les jeunes Lacédémo-

(*a*) Difc. fur l'inégal. des condit.
(*b*) L'Efprit, p. 142.
(*c*) Ibid. p. 147.
(*d*) Ibid. p. 362.

L

» niennes ne danſoient-elles pas décou-
» vertes dans les fêtes ſolemnelles ; & n'eſt-
» ce pas un des moyens, que le fameux
» *Licurgue* employa, pour porter dans
» le cœur de ſes concitoyens l'enthou-
» ſiaſme, & pour ainſi dire la *Fiévre*
» de la vertu. « Ce *Licurgue* étoit un
habile homme, d'avoir ſu imaginer ce
moyen de rendre les hommes vertueux,
& c'eſt bien dommage que nos Philoſophes n'en aient pas la *Paire de gant.*
Voy. *Vertu.*

On objecte que les Sauvages même,
au-moins pour la plupart, couvrent certaines parties de leur corps ; mais, ré-
pondent nos Philoſophes, (*a*) » ce n'eſt
point dans eux l'effet d'une *Pudeur* naturelle, mais de la crainte de ſe bleſſer,
en traverſant les bois & les halliers.

Ce qui prouve ſur-tout, que ces idées
de pudeur, ne ſont que des idées factices, c'eſt qu' (*b*) » Il eſt des Peu-
» ples entiers, (qu'on ne nomme pas)
» qui n'ont pas moins de honte d'un
» vêtement, que nous en aurions de la
» nudité. » Nos François, avec leur vivacité ordinaire, ſe preſſeront de conclure,

(*a*) Ibid. p. 142.
(*b*) Ibid.

qu'ils ont tort, & que nous avons raifon ; que ce font des Sauvages, & que
nous fommes des Peuples policés. Oh !
que de chofes il y auroit à dire fur ce
beau chapitre. Préfomption ! Préjugé !
Vieilles idées !

PUNITIONS. Si l'on a bien entendu
ce qui a été dit dans ce Dictionnaire,
de la *Liberté*, des *Crimes*, de l'*Intérêt*,
du *Plaifir* &c. ; on conclura aifément,
que la coutume de punir, & fur-tout
de punir de mort ce qu'on appelle les
Criminels & les *Malfaiteurs*, eft une
coutume barbare. Cependant, comme il
n'y a pas à efpérer qu'on la change,
& qu'elle paroit néceffaire à la sûreté
du Philofophe lui-même, il falloit la
juftifier. Des Sages ont trouvé pour cela
une bonne raifon. Ils difent, que les
punitions n'ont pas été établies pour
punir le mauvais ufage de la liberté,
mais que ce font des moyens méchani-
ques, pour frapper les fens, & pour
détourner les hommes du crime ; comme
on empêche les animaux de faire du
mal en leur montrant le fouet. Ô Homme ! fi tu as de l'orgueïl, ce n'eft pas
la faute des Philofophes. Ils travaillent bien

férieufement à t'en guérir. Te voilà encore réduit à la condition des Bêtes.

Un autre Sage ne goûte pas apparemment cette raifon : il n'approuve pas
qu'on (a) » féviffe contre les malfai-
» teurs, tels que les Voleurs & les Meur-
» triers. Je ne vois pas, dit-il, que la
» Loi naturelle, cette Loi fainte, fouf-
» fre qu'on réprime les méchans par
» des méchancetés, & qu'on puniffe les
» homicides par le meurtre. Je n'ai ja-
» mais été perfuadé que Dieu ait per-
» mis aux hommes de fe détruire les
» uns les autres. Un citoyen trouble la
» police de l'État : empêchez-le de le
» faire, vous le pouvez, fans l'attacher
» au gibet. «

On demandera, peut-être, par quels
moyens, en fupprimant le gibet, on
pourra empêcher les citoyens de troubler
la police de l'Etat, puifque les gibets &
les rouës peuvent à peine y fuffire ? Sans
doute que ce Philofophe les fait ces
moyens, puifqu'il dit avec tant d'affu-
rance : *Vous le pouvez.* S'il n'en a pas
fait le détail c'eft apparemment pour de
bonnes raifons.

(a) Mœurs, p. 498.

R

RAISON. La vieille Philofophie dé-
clamoit avec force contre les Paffions
& ne fe laffoit pas de vanter la Raifon.
Nous avons changé tout cela ; & (a)
» nous ne craignons pas d'avancer au con-
» traire, que ce font nos Paffions, qui
» font innocentes, & notre Raifon, qui
» eft coupable. Voy. *Paffions.*

RELIGION. C'eft la grande ennemie
de la Philofophie : mais il vaut mieux
l'attaquer par des plaifanteries, que par
des raifonnemens. Outre que cela eft plus
facile, c'eft que cette méthode nous réuf-
fira toujours mieux, fur-tout en France,
où l'on aime à rire.

RELIGION NATURELLE : Abus des termes. Il n'y a point de Religion, où il
n'y a point de culte, & nous fommes
convenus que le culte n'eft que de bienféance. Dans les commencemens de la
Révolution philofophique, on étoit fou

(a) MŒURS, p. 80.

L 3

de ce mot *Religion :* il en falloit une, à quelque prix que ce fut. On donna donc à la Philosophie même le nom de son ennemie, & on l'appella *Religion Naturelle.* Aujourd'hui il semble qu'il faudroit réformer sur cet article le langage philosophique, & se servir toujours du mot *Philosophie.* Car je défie tous les Philosophes de m'assigner un seul exercice de cette *Religion Naturelle* & de me dire en quoi consiste cette adoration de l'Être Suprême. Un Sage ne se paye point de lettres & de syllabes.

REMORDS. Ô Homme, si tu commences à être Philosophe, & que te bornant à la félicité, telle quelle, de ce monde, tu veuilles être heureux. (*a*) » Tu n'as qu'à étouffer les *Remords.* « Ils » sont inutiles avant le crime (si tu n'es pas libre.) » Ils ne servent pas plus » après que pendant qu'on le commet, « (si tu n'as rien à craindre que des loix & des hommes.) » La bonne Philoso- » phie se déshonoreroit en pure perte, » en réalisant des spectres « (qui ne font les fruits que de la raison & de la

(*a*) Disc. sur la vie heur. p. 63.

Religion » (*a*) en s'occupant de ces
» fâcheuses réminifcences « (qui font
quelquefois trembler les plus hardis ;)
» (*b*) & en s'arrêtant à ces vieux pré-
» jugés, « (qui font ridicules dans un
fyftéme où le plaifir eft le moteur de
l'univers moral , & où toute action, pro-
duite par l'envie de fe procurer du plaifir, eft une action légitime.)

RENVOI. Dans un Dictionnaire , où
l'on veut inférer beaucoup d'articles oppofés aux anciens préjugés , qu'on eft
obligé de refpecter encore , les *Renvois*
font merveilleux. (*c*) » Prévus de loin
» & préparés avec addreffe , ils ont la
» double fonction de confirmer & de
» réfuter , de troubler & de concilier.
» L'ouvrage entier en reçoit une force
» interne & une utilité fecrette dont les
» effets fourds font néceffairement fenfi-
» bles avec le tems. Toutes les fois ,
» par exemple , qu'un préjugé national
» mérite du refpect, nous l'expofons à
» fon article particulier refpectueufement,
» avec tout fon cortége de vraifemblance

(*a*) Ibid.
(*b*) Ibid.
(*c*) Encyclop. au mot *Encyclopédie.*

L 4

» & de féduction ; mais nous renver-
» fons l'édifice de fange ; nous diffipons
» un vain amas de pouſſière, en ren-
» voyant aux articles, où des principes
» folides fervent de bafe aux vérités op-
» pofées. Cette manière de détromper les
» Hommes, opère très-promptement fur
» les bons efprits, & elle opère infailli-
» blement & *fans aucune fâcheufe con-*
» *féquence*, fecrettement & fans éclat,
» fur tous les Efprits. «

C'eſt bien là une preuve de la bonne-
foi des Philofophes, du refpect même
qu'ils ont pour la Religion du païs, de
leur averfion pour le bruit & l'éclat,
vertus pourtant qu'on ofe leur conteſter.
Ils ont fur-tout grand foin d'éviter les
fâcheuſes conféquences, & on voit aifément de quelles conféquences ils veulent
parler. Mais on leur a fait mille injuftices & on leur en fera bien encore. On
prétendoit, par exemple, & on le prétend encore aujourd'hui, que, dans cet
article, que je viens de citer, ils jufti-
fioient toutes les accufations de leurs ennemis, & qu'ils avoient mauvaife grace,
après cela, de tant crier à la perfécu-
tion & à la calomnie : mais tout Juge
impartial jugera de la folidité de cette
prétention.

S

SOCIÉTÉ. Les Anciens Philosophes passoient pour des Animaux sauvages & farouches. Les Modernes, exceptez-en un seul, sont des Animaux très-Sociables. Ils ont fort à cœur la *Société*. Ils n'ont à la bouche & au bout de la plume que le mot de *Société*. Vous n'avez qu'à prendre leurs ouvrages, à l'ouverture du livre vous ne pouvez manquer de tomber sur le mot de *Société*. Il n'y a pas une page où il ne se trouve. Mais ce qui est bien plus important encore, c'est qu'ils posent les principes les plus utiles à la *Société*. Si vous voulez vous rappeller ces principes, consultez presque tous les articles de ce Dictionnaire, mais sur-tout les mots, *Amour*, *Bonheur*, *Bien*, *Concubinage*, *Conscience*, *Crimes*, *Divorce*, *Humanité*, *Intérêt*, *Liberté*, *Libertinage*, *Morale*, *Passions*, *Plaisirs*, *Probité*, *Punitions*, *Raison*, *Remords*, *Suicide*, *Vertu*, *Vice*, &c.

SUICIDE. Les Philosophes ont une compassion particulière pour les malheureux.

Protecteurs des débauchés, des Femmes
galantes ou infidéles, des Meurtriers même & des Voleurs, ils ont étendu leur
commisération sur ceux de leurs semblables, qui las de vivre, n'oseroient se délivrer de leurs peines, & se feroient un
scrupule de conscience de se donner la
mort.

Il paroit à un Sage que (a) les loix
de l'Etat » (qui flétrissent les Suicides)
» sont bien injustes. Quand je suis ac-
» cablé de douleur, de misère, de mé-
» pris, pourquoi veut-on m'empêcher
» de mettre fin à mes peines, & me pri-
» ver *Cruëllement* d'un reméde, qui est
» en mes mains? Pourquoi veut-on que
» je travaille pour une Société, dont je
» consens de n'être plus? Lorsque la So-
» ciété me devient odieuse, qui m'em-
» pêche d'y renoncer? Troublé-je l'or-
» dre de la Providence, lorsque je chan-
» ge les modifications de la matière, &
» que je rens quarrée une boule, que
» les premières loix avoient faite ronde?
» Lorsque mon ame sera séparée de mon
» corps, y aura a-t-il moins d'ordre &
» moins d'arrangement dans l'univers?
Un autre Sage conclut de ces principes que (b) » ceux qui se donnent

(a) 74ᵉ des Lett. pers. (b) L'Esprit, p. 450.

» la mort par dégoût de la vie *ne péchent*
» *donc pas*, mais ils méritent presqu'au-
» tant le nom de *Sages* que de *Coura-*
» *geux*. « Conclusion vraiment philosophique, puisqu'elle est très-opposée aux
idées & aux opinions communes. Il ne
faut pas manquer de l'inférer dans le *Ca-*
téchisme d'Humanité.

Quand les ouvrages de nos Philosophes ne changeroient pas la Jurisprudence
sur cet article, le point essentiel, c'est
qu'ils ont décidé le cas de conscience,
& qu'il est sûr que les Suicides *ne pé-*
chent point. Cela étant, ils se tueront
tranquillement ; & qu'on fasse ensuite
ronde une *boule quarrée*, en changeant
la configuration de leur corps après leur
mort, par une cérémonie, qui ne peut
leur faire ni bien ni mal, c'est dequoi
ils se mettront peu en peine, pourvû,
comme les Sages les en assurent, que flé-
tris où ils ne sont pas, ils ne soient pas
punis là où ils seront.

SUPERSTITION. Mot heureusement in-
venté & d'un merveilleux usage en Philosophie. Il sert à attaquer, sous un nom
étranger, des Ennemis encore trop res-
pectés, qu'il seroit quelquefois odieux,
quelquefois dangereux d'attaquer sous leur

nom propre. Le nom de *Fanatiques* les livre à la haine, & celui de *Superstitieux* les immole au ridicule. La *Superstition*, comme le *Fanatisme*, est l'abus de la Religion. On peut l'attaquer sous ces noms avec d'autant plus de succès, que les couleurs dont on les peindra, pour fortes qu'elles puissent être, feront avouées par la Religion même. Voy. *Fanatisme*.

V

VÉRITÉ. Les Philosophes ont détruit une foule d'erreurs, & découvert un grand nombre de *Vérités*; & il est pourtant encore douteux s'il y a des *Vérités*, & s'il peut y en avoir. Voy. *Certitude*.

La *Vérité* est-elle une ? Ne peut-elle pas se trouver dans deux Propositions contradictoires ? C'est ce qu'on avoit assuré hardiment, jusqu'à présent. Les Philosophes prouvent évidemment le contraire. Car ils ont tous trouvé la *Vérité*, ils suivent tous pour guides la raison & la nature, qui ne trompent point ; cependant ils se contredisent eux-mêmes. Voy. *Conséquent, Contradiction, Couleuvres.*

VERTU, VICE. Je ris à part moi, mais

je ris de bon cœur, quand fongeant à la Révolution entière, que la Philofophie fera un jour dans les Efprits, je penfe au grand nombre de termes & de mots, qui vont être abolis, ou recevoir une fignification toute différente de celle, qu'ils ont euë pendant plufieurs mille ans. Que d'Ouvrages fameux & refpectés vont devenir inintelligibles & furannés! Que de Dictionnaires & de Traités, qu'il faudra refaire en entier! A moins d'une refonte générale on ne s'entendra plus.

Les Termes de *Vertu* & de *Vice*, fur lefquels tant d'Auteurs fe font exercés, font ceux qui fouffriront le plus du fuccès de la Révolution. *Vertu* & *Vice* portent avec foi un rapport effentiel aux loix, foit divines, foit humaines. Ces loix une fois abolies, les idées de *Vice* & de *Vertu* vont périr avec elles; & fi l'on conferve encore ces mots, ils auront un tout autre fens, que celui qu'ils préfentoient.

Qu'est-ce que la Vertu, dans le fyftême moral Philofophique? D'abord (a) » il n'y a en foi ni Vice, ni Vertu, ni Bien, » ni Mal moral, tout eft arbitraire & fait » de main d'homme. (b) La Vertu n'eft que

(a) Difc. fur la vie heur. p. 11.
(b) Fables des Abeilles, T. 2. p. 16.

» l'effet de la conduite habile des rusés po-
» litiques. Plus nous examinerons de près
» la nature de l'Homme, plus nous nous
» convaincrons, que les Vertus morales sont
» des productions politiques, que la flatterie
» engendra de l'orguëil : (a) La convention
» fait tout le mérite & démérite de ce
» qu'on appelle *Vice & Vertu.*

Ensuite (b) » l'utilité publique est le prin-
» cipe de toutes les Vertus humaines. C'est
» à ce principe qu'il faut sacrifier tous les
» sentimens, jusques aux sentimens même
» de l'Humanité.« Or, comme d'un autre
côté le plaisir & l'intérêt personnel sont
les moteurs de l'univers moral pour chaque
particulier, & que la Probité n'est que
l'habitude des actions utiles ; (c) » l'Hom-
» me *Vertueux* n'est point celui qui sacri-
» fie ses habitudes & ses plus fortes passions
» à l'intérêt public, puisqu'un tel homme
» est impossible ; mais celui dont la plus
» forte passion est tellement conforme à
» l'intérêt général, qu'il est presque tou-
» jours *nécessité à la Vertu.* «

Vous donc, à qui le nom d'*Hommes
Vertueux* est si cher, félicitez-vous, ne vous
glorifiez pas ; la Vertu est dans vous un

(a) Disc. sur la vie heur. p. 33.
(b) L'Esprit, p. 80.
(c) Ibid. p. 375.

bonheur, Elle n'eſt pas un mérite : vous n'êtes pas eſtimables, vous êtes heureux. Et vous à qui l'on prodigue les noms de *Scélérats* & de *Monſtres*, hommes vicieux & criminels, vous, qui êtes aſſez malheureuſement nés, pour ne pouvoir être heureux que par des actions qui conduiſent à la grève, plaignez-vous, mais ne rougiſſez pas ; vous n'êtes pas coupables, vous n'êtes que malheureux ; il ne vous manque, pour avoir de la Vertu, que l'heureuſe rencontre de vos intérêts & de vos paſſions avec l'intérêt public. Et certes, dit le même Sage, » (*a*) la diverſité de nos paſſions & de nos » goûts décide de nos Vertus & de nos Vi- » ces. Sans mépriſer le vicieux, il faut le » plaindre, & remercier le Ciel de ne nous » avoir donné aucun de ces goûts & de ces » paſſions, qui nous euſſent forcé de cher- » cher notre bonheur dans l'infortune » d'autrui.

MOYENS POUR ACQUÉRIR LA VERTU. Il n'eſt pas étonnant qu'avant ce ſiécle philoſophe, il y ait eu ſi peu de Vertu dans le monde ; c'eſt qu'on ne connoiſſoit pas le plus puiſſant encouragement à la Vertu ; & c'eſt ici une des belles découvertes de la Philoſophie, qui ſeule lui mériteroit des

(*a*) L'Eſprit, p. 53.

autels. Ce moyen confiste à propofer pour récompenfe aux hommes, qui feront vertueux, les voluptés qu'on croyoit autrefois fi oppofées à la Vertu. (*a*) » Qu'on ouvre
» l'Hiftoire, & l'on verra que, dans tous
» les païs, où certaines Vertus étoient encouragées par l'efpoir des plaifirs de l'Amour, ces Vertus on été les plus communes & ont jetté le plus grand éclat.
» (*b*) C'eft que la force de la Vertu eft
» toujours proportionnée aux degrés de
» plaifirs, qu'on lui affigne pour récompenfe.
» (*c*) Oui les plaifirs des fens peuvent
» nous infpirer toute forte de fentimens &
» de Vertus. (*d*) Ce font ces plaifirs, qui
» font agir & penfer les Hommes, & qui
» peuvent feuls mouvoir le monde moral.
» (*e*) Ils font les plus propres à élever l'ame, & la plus digne récompenfe des
» Héros & des Hommes vertueux. (*f*)
» C'eft de ce germe que font forti toutes
» nos Vertus.

Ici je fupprime toute réflexion. Tout cet article eft affés clair. Je m'écrierai feulement en finiffant:

Heu ! Ubi prisca Fides.

www.ingramcontent.com/pod-product-compliance
Lightning Source LLC
Chambersburg PA
CBHW072043080426
42733CB00010B/1974

* 9 7 8 2 0 1 2 5 6 2 9 7 4 *